暴力家族で育ったあなたへ

自助グループで気づく回復力

日本トラウマ・サバイバーズ・ユニオン（JUST）編

解放出版社

なぜ「JUST」か

斎藤 学
JUST理事長、精神科医

JUST《ジャスト》（特定非営利活動法人日本トラウマ・サバイバーズ・ユニオン）は、私が精神医学臨床の現場に立ち戻ったことによって生まれた。具体的にいうと、一九九五年九月に私が世田谷区八幡山の東京都精神医学総合研究所を辞め、東京都港区麻布十番に斎藤学診療所（現、さいとうクリニック）を開設したとき、クリニックの発足と同時にJUSTを構想するのは、私にとっては「あたりまえ」のことだった。研究所員としての私は当事者と呼ばれる人々の自助的・互助的グループこそ、彼らの回復（成長）にとって最も有効と考え、それを実証することを主な仕事にしていたからである。

私は長年にわたってアルコール依存を始めとする嗜癖《しへき》行動（アディクション）を抱えた人々の治療にあたってきたが、やがて「治療者」は彼らを治せないことに気づかざるを得なくなった。伝統的な精神医学は、彼らを症状別に分類し、その枠別に定められた治療を施そうとするが、こうした試みはしばしば「患者」とされる人々を依存的にし、彼らの力を奪う。

むしろ彼らは他者に共感し、他者を援助することによって自らの内なる回復力に気づき成長するべきである。嗜癖者の回復は彼らがそれを必要とするときに、彼らが好む方法で行われるものであって、治療者はそのきっかけを与えることしかできない。

この「治療者無力」という信条は、「治療者」でしかあり得ない私を悩ませたが、それでも研究所にいた十数年、私は嗜癖者たちが回復への端緒をつかむかもしれないグループを発足させるという仕事を延々と続けてきた。

その結果生まれたのが、AKK《エイケイケイ》（アディクション問題を考える会）、NABA《ナバ》（日本アノレキシア〈拒食症〉・ブリミア〈過食症〉協会）、JACA《ジェイカ》（日本アダルトチルドレン協会）、そして「子どもの虐待防止センター」であるので、これらグループの本部はすべて世田谷区にある。

しかし「子どもの虐待」への対処を余生のテーマと思い始めた一九九〇年代の初めから、私の考え方に多少の変化が生じた。子ども時代の不適切な養育環境と成年期の行動・感情障害との間には、やはり見逃し得ない関連があると考えるようになり、生涯のテーマである嗜癖行動への対処についても、この側面から見直してみようと考えるようになったのである。

これを素人《しろうと》風の原因・結果論とみなす批判は、私自身の内面にさえあったのだが、「批判の前に実践を、治療者としての私が活躍できる期間はそう長くないのだから」と考えたので私は開業医となり、「患者と呼ばれる人々」の生の声を聞くことになった。

こうして臨床医に戻ってみると、研究者であったとき以上に自助・互助グループの必要を感じた。しかし、NABAやJACAと同じものを作ってもしようがない。むしろ種々の悩み（過食してしまう、自傷してしまう、子どもを虐待してしまう、親からの虐待の後遺症から離れられない、など）を抱えた人々の連合体（ユニオン）にするのがよかろうと思った。

事実、過食・嘔吐《おうと》習慣や自傷癖など私がアディクション（嗜癖＝依存症）の中に含める問題を抱える人々の中にも、「死にたい」と言いながら生き続けるうつ病者の中にも、子どもを虐待してしまうと嘆く母親たちの中にさえ、児童期のさまざまな外傷体験（つまり心理的・身体的児童虐待とネグレクト★）の影響下にある人々がいた。

だからトラウマ・サバイバーズ（外傷体験を経て成人期を迎えた人々）の自助的グループを発足させることは、私の中では自然なことだった。こうして一九九五年のクリ

★ネグレクト……虐待のうち、子どもの成長・発達に必要な世話や愛情を与えないこと。

ニック発足後間もなく、トラウマ・サバイバーズのためのユニオン、つまりＪＵＳＴは生まれた。東京都の特定非営利活動法人（ＮＰＯ法人）となったのは一九九九年からである。

折角の機会だから、現在トラウマという概念が精神医学の中でどのように取り扱われているかについて述べておく。

心的外傷の精神医学はベトナム戦争の帰還兵に見られるＰＴＳＤ（心的外傷後ストレス障害）の診断基準確定の作業を通して一九七〇年代の米国で発達したが、その後二つの方向へと分岐した。

一つは災害・事故・戦争に巻き込まれた人々へのケアのための医学であり、日本では一九九五年の阪神・淡路大震災を契機にこの問題が論議されるようになった。

他の一つは家族内の人間関係の中で生じた心的外傷体験にさらされた人々へのケアの問題で、たとえば親からの児童虐待にさらされて育つ子どもたちの問題である。

これら二つはいずれも重大な精神的障害の発生源となり得るが、後者、すなわち家族内で生じる心的外傷は、世間の目から隠されながら日常的に行われるものであるので、複雑で広範囲な心的歪《ゆが》みを引き起こしやすい。

とくに児童虐待は被害児の心身の適切な発達を阻害するため、身体的には生き残ること（サバイブ）ができて成人に達した場合でも、思春期以降、さまざまな後遺症をひきずることになりやすい。

たとえばうつ病、各種妄想性疾患、引きこもりなどの対人関係障害、アルコール・薬物依存、常習的暴力や売春や子どもたちへの虐待などの社会的逸脱は、児童虐待の被害体験から生じやすい障害のごく一部である。

何とか大人には達したものの、これら障害を抱えている人々を私たちはアダルト・サバイバーズ（生き残った成人たち）と呼ぶのだが、こうした考え方が精神科医一般に受け入れられているか、というと残念ながらそうではない。

地震災害、飛行機や自動車の事故、宗教団体によるサリン散布などのテロリズムや戦争への参与によって生じる心的外傷については、その後遺症について論じることが当然とされるようにはなってきた。

しかし家庭内で親から子どもに加えられる身体的・性的な虐待行為や、学校で級友、教師らから与えられたいじめ被害について、その成人期における精神的障害について明確にしようとすると、精神医学の専門家たちから激しい抵抗を受ける。それはおそらく、家族や学校の「暗部」を語ることが、それらによって支えられる社会秩序を崩すと思われるためだろう。

抵抗する自称専門家の中には、子ども時代の被虐待体験が長い年月を経て成人期の精神障害に至るという考え方そのものを一笑に付す者もいる。その長い年月、被害者たちは自らの傷を否認することによってようやく生き延びてきたのだという、あたりまえの事実をこれら専門家たちは無視しているのである。

それればかりか、それら治療者の中には、そのような訴えをする者（つまり私のクリニックを受診しようとする人々）を「現在の無能力を過去の悲惨のせいにする怠け者たち」とそしる者さえいる。彼らはまた被害者の訴えに耳を傾けようとする治療者（たとえば私）を「患者にたぶらかされている」あるいは「患者を扇動している」と批判する。

こうした議論が最も激しく行われるのは性的虐待、とくに近親姦《きんしんかん》虐待の領域である。ある者はこれらの被害を語る者はすべて「記憶を捏造《ねつぞう》しているに過ぎない」と極論し、この領域の治療に道を拓いたジュディス・ハーマンを「現代の魔女」呼ばわりする。彼ら「似非《えせ》専門家」は、被害者の症状の多くを未熟者の甘えによるカラ騒ぎ、つまり人格障害の証明と考える。うつ病や統合失調症の診断基準に合致する患者がいれば、それはたまたま（偶発的に）そのような障害が成人期になって生じたに過ぎないとみなす。このような「似非専門家」たちとの論争の中に現在の私がいるといえば、この本の寄稿者や読者はびっくりなさるであろう。しかし、これが現実である。

このような「わからず屋」がいまだに多数を占めていることについては、私の非力を認めることにやぶさかではないが、所詮、一人の力には限界がある。私は今、この本にあるような被害体験者による「生の声」を必要としている。しかし、ここに書かれていることでさえ、私にはまだ生ぬるく感じる。今、必要なのは、子ども時代の被害の実態と、その記憶を封印したまま「健常者」として過ごした長期間の苦悩と、そうした過去がもたらす現在の生きにくさと、できればそれらすべての「傷の記憶」そのままを受容したうえで見えてくる現在の静穏（平安）とを「実名」で語れる人、たとえば『Itと呼ばれた子』の著者（デイブ・ペンザー）が持つ勇気である。そのような人物は日本にもいずれ現れるであろう。そしてその人は、この本を読むことで、その勇気を与えられるかもしれない。

二〇〇五年七月

暴力家族で育ったあなたへ——自助グループで気づく回復力　もくじ

JUSTとは

特定非営利活動法人日本トラウマ・サバイバーズ・ユニオン（Japanese Union for Survivors of Trauma　略称JUST）は、さまざまなこころの傷（トラウマ〈心的外傷〉）から生き延びてきた人たち（サバイバー）自身によって運営されています。

いじめや児童虐待、言葉による暴力、家族関係、人間関係などのさまざまな要因によるトラウマで、現在生きづらさを感じ苦しんでいる人たちのために、精神科医・斎藤学《さとる》の呼びかけにより1997年に設立されました。

同じような問題・経験を持つ仲間と出会い、分かち合うことを通して、問題解決と自己の成長をはかることを目的としてさまざまな活動を行っています。

本書は、こころの傷による苦しみをもちながらも生き抜いてきた人たちのメッセージが同じような苦しみの渦中にいながら回復を求める人たちに届くよう、JUSTが編集しました。

無駄なことは何もない

さなえ

傷つかないふりをしていた子

私はある地方都市で育った。家族構成は、両親、姉の四人家族である。

以前、友人の家に招かれたときに、「うちはね、父親がすごく暴力がひどくて、ここがアメリカじゃなくてよかったね、って母に言ったことがあるの。じゃなきゃあ、絶対、銃が出てたよねって」と、そっと打ち明けられたことがある。

それは、父親が銃で家族を撃ち殺すという話ではない。暴力を受けた友人が、怒りのため、そして母や姉を守るために、父親を撃ち殺すためである。アメリカでなくてよかったのは、父親のためという意味だった。

私はそのとき、友人が冗談めかして言ったことで、何とはなしに受け流してしまった。でも、それは、まさに私の家のそのものだった。私も、銃があったら、父を撃ち殺していたかもしれない。本当は、笑い事ではなかったのである。

それだから、私にとっては、ＤＶ（ドメスティック・バイオレンス）法★と、児童虐待防止法が施行されたときに、感慨深いものを感じずにはいられなかった。私にとっては、三十年遅かったが……。よかったね、お父さんってなものである（勿論《もちろん》、皮肉だ）。

あの法律は、まだまだ法改正される必要があると思うが、私たちをはじめ、数え切れない数の家庭の上に成り立っていると思う。

私は、父が母を殴るところを見た記憶はない。だが、私の幼いころ住んでいたアパートの柱は、ものの見事にえぐれていた。それは、父がやったのだと母が言ったのを聞いた記憶がある。それは、私が四、五歳くらいの記憶である。父が母を殴るところを見たことがないのは、私はその場にいなかったからである。両親の間のくもゆきが悪くなってくると、ぷいと外にいってしまう。父が笑いながら、「お前は要領のいい子だ」と言っていたことがある。その後の私は要領が悪い人生そのものだったので、

★DV法……配偶者からの暴力の防止及び被害者の保護に関する法律。DV防止法ともいう。

長い間違和感を抱いていた言葉だった。私は、そのころ明るかった。聞きたくない話があると、鼻歌でそらしてしまう人がいるが、そのような明るさだと思う。家族を喜ばせること……、それが私がやらないといけない役割だと思っていた。だから、傷つかないふりをしていたのだと思う。

直接暴力を受けることも勿論、その目撃者になることも同じだけ傷つくというのは本当だと思う。

怨念の世界で育った

母は、私が七歳の時に、病気で死んでしまった。私を産んだときも産後の肥立ちが悪く、しばらく私は母の姉に育てられていたくらいであった。その後、私の小学校入学前後に入退院を繰り返し、最後は、私の五歳上の姉の中学の入学式のために一時退院していた夜に、突然苦しみ始め、そのまま死んでしまった。いわば、突然死だった。

母と、父は、典型的な「共依存関係★」だ。母は、手に職を持ち、公務員であった父の収入の二倍は稼いでいたそうである。

母は、最初は子宮筋腫（後に子宮ガンと診断された）ということで入院していた。そ

★共依存……過度に世話をやくなど相手の行動をコントロールして支配欲を満足させる関係をさす。依存症者の配偶者、あるいは子離れできない親に多い。嗜癖行為（アディクション）の一種とされ、結果的には依存症者の責任を肩代わりしたり代理をして、依存症者の回復を妨げることになる。

の後、子宮を摘出したが、父からは勿論、父の姉妹たちから、「（父が）家に寄りつかない、多分女ができるのは当たり前だ。なぜなら、（母は）女でなくなったのだから」と言われたらしい。母が働いていたときは、「○○（父）を髪結いの亭主にして」とののしったらしい。姑《しゅうとめ》（私にとっては父方の祖母）からは、「うちの家系には、ガンになったものは一人もいない」と責められていたという。その母に向けられた差別的な言動が容認されるような社会だった。三十年前は。

父がどんな人だったか、母との関係は何だったのか、それを語ることができるのは、ずっと後のことだ。そして、その意味を知り、私は本当に母がかわいそうになった。

母は病死だったが、その突然の死に、私を面倒みていた母方の祖母が「誤診ではないか」と言ったときに、父は、「そうだとしても、（母の）入院先は、この先、異動で自分の職場になるか分からないところだから、訴えられない」と涙ながらに祖母に思いとどまるように説得したという。その涙は、自分の保身のために流したものだ。母のためじゃない。

もし、「かわいそう教」というのがあったなら、私はその信者だ。母は本当に「かわいそう」だった。その父の、父の身内たちの仕打ちを思うと、むごいという言葉さえも出てくる。

もし、母が生きていたら、私は大人になるまで両親の不和の中で育ったかもしれない。父から離れない母を憎んだかもしれない。でも、もし母が生きていたら、私たちを連れ離婚していたかもしれない。私たちは明るい母子家庭で育ったかもしれない。

母の結婚生活や、死に方を考えるたびに、私は行き場のない思いに駆られる。そして、自分が生きていくのに、とても心細くなる。人から嫉妬《しっと》されるのは怖く、一生懸命お金を稼いでも略奪されるかもしれないという、まるで「呪縛《じゅばく》」のような思い込みは、私を無気力にさせ、なおかつ、行き場のない思いがした。私はどう生きていけばいいのか分からなかった。

その思いが私を占領し、いたたまれなくなったとき、私は突然、「母はかわいそうだった。だけど、それよりもかわいそうだったのは、幼い私ではないか」と思った。ものごころついてから、母が死ぬまでの七年間で、私は十分に、まるで怨念《おんねん》の世界を過ごし、そこで育ったのだった。母がかわいそうと思う気持ちは、いわば私の存在を母にのっとられていたからだと思う。母は、私の中で生きていたのだ。その気持ちを獲得してからの私は、染み付いた「呪縛」を全て払拭《ふっしょく》できたわけではないが、随分と楽にはなった。長い時間がかかってしまったが……。

母が死んだ当時、私は七歳だったが、まだ私にはその後の生活がどのようなものになるかを予測することはできなかった。

母方の祖母が、私たちを引き取ってくれた。が、この同居は、後々、母方のきょうだいから「なぜ孫はたくさんいるのに、あそこだけかわいがられる」という反感を買った。祖母は戦争で夫（私にとって祖父）を亡くしてから、いわゆる女手一つで五人の子どもを働きながら育てた人だった。

そして、父は、母が生きていたころは、母のお金を当てにして、自分の稼いだお金を家庭に入れなかったように、いわば他人である義理の母のお金を当てにして、やはり家庭にはお金を入れなかった。そのせいで、よく父と祖母は怒鳴り合っていた。父の言い分はこうだ。「自分の稼いだお金を自分で使って何が悪い」。父の立場を考えたら、本末転倒な言葉である。

そのころから、父がギャンブル依存だということが明確になってきた。仕事依存でもあった。祖母に甘え、私たちのことも祖母にまかせきりなことは勿論、家に帰宅するのは深夜か、帰って来ない日もあった。しかし世間では、父は「妻に先立たれ、幼い子どもを残されたかわいそうな人」と思われていた。その上、中学生の姉に、「お父さんはお母さんが死んだことを悲しんで、夜布団の中で泣いていた」と聞かされるようなこともあり、私は気性の激しい祖母よりも、父を慕っていた。

不登校の私への暴力と罵声

祖母を含めた生活は五年間続いたが、ある朝突然祖母が脳血栓で倒れ、救急車で病院に運ばれて、終わりになった。以前から私たちに反感を覚えていた母方の親戚《しんせき》に、間髪入れず「出て行ってくれ」と言われたからだ。

祖母が倒れる前に、高二の姉は不登校になっていた。何がきっかけかは分からない。

私も何がきっかけかは明確に覚えていないが、姉を追うように不登校になった。小六の二学期からだ。そのころから、私はラジオの深夜番組を聴き始め、そして朝起きられなくなり、出勤前の父に、いきなり布団をはぐられ、殴られたり、ラジオを壊されたりしていた。姉のことは知らない。祖母の建てたビルの一階が店舗で、私と祖母は二階、父と姉は三階に別れて住んでいたからである。食事は一緒だった。

私は不登校のまま、中学に進学し、そして引っ越しをした。町の商店街で育ったような私が、いきなり郊外の住宅地の一軒家に引っ越ししたことは、非常に不便なところに来たという思いが強く、最初から嫌で嫌で仕方なかったが、引っ越す前に、私たちをよく思ってなかった母方のおじに私たちが不登校をしていることなどを責められ殴られるという事件があり、父は引っ越しを決意したと言っていた。が、父はそれ以上に私たちに暴力をふるい始めていたので、私は父がまるで私たちを守るのだと言わんばかりなのを他人事のように感じていた。

私たち三人家族の生活は、ほどなく破綻《はたん》した。私たちは、父によく殴られたり、蹴られたりしたが、それとは別に姉と私がけんかを始めたからである。姉は、母が死んでから、母が死んだのは私のせいだと言っていた。「お前が生まれたから、母は死んだのだ」と。「お前が代わりに死ねばよかったのだ」と言われたこともある。

母は産後の肥立ちが悪く、子宮ガンになったことも、何か因果めいていて、私は母が生前差別的な言葉で責められたように、その女性特有の病気というものと私の出生というものを結びつけてしまった。私は、姉の言葉を信じていた。私が生まれたから、母は死んだのだと。

そうやって、私は五歳上の姉にずっと抑えつけられていたが、引っ越しをしてけんかをしていたときに、その私の抑えつけていた怒りが爆発してしまった。それは、私にとって思いがけない出来事だった。いつものように姉とけんかになったときに、姉が一瞬私の反撃にひるんだのであった。その表情は忘れることができない、その瞬間に力関係に変化が起き、そしてまさに私たちのバトルは始まったが、それは長くは続かなかった。姉が下宿を借りて、休学していた高校に復学したからである。しかし、姉にとっては、父が私を選んだと思ったらしい。だが、意識的ではないかもしれないが、父が私を暴力をふるう相手として選んだことに姉は気がついてなかった。

父と二人暮らしになった私は、全くの不登校というわけではなかったが、続けて学校に行くということができないのであった。家では父が、家事労働をしないといって私を責めた。それも、父は身体的な暴力だけでなく、すさまじい罵倒《ばとう》、それも聞くに堪えないような言葉をいつも使った。

「こんなしつけのなってない女はいない（扶養する責任がある親が子どもに言う言葉ではないだろう）」や、「こんな汚げな女はいない」など、いつも私は、名前でなく、子どもでなく、女なのであった。それがたまらなく嫌だった。私の身体つきのことを言ったり、ふざけて抱きついたりもした。これは、性暴力といえるものだと思う。

姉のダイエットがきっかけで、私は太ってないにも関わらず一緒に始めて、摂食障害になっていた。しかし、そのころ自分が摂食障害だと思っておらず、ただひたすら太ってはいけないと思っていた。だが、中学後半から年齢ということもあるのか、カロリーという概念もなかったので、炭水化物（お米）と炭酸飲料に依存していた。炭酸は、喉《のど》ごしが浄化される感じがして、私は幼いころからずっとはまっていたものだった。が、小学校のときはいくら食べても太らなかった私の身体は、太り始めていた。そうすると、父は、「こんなにぶくぶくとブタみたいに太りやがって。学校も行かず、いつも家にいるからだ」と、私をののしった。

父に殴られ、髪をひっぱられ、蹴り上げられて、泣かないと、「泣いて謝れ！」と言い、泣けば、「泣けば済むと思って」ともっと激怒した。私は、混乱した。

だが、父との関係で最も混乱したのは、父が泣くことだった。私を殴った後、父は情けないと泣くことがあった。そのとき、私は正直言って、父に嫌悪感しか抱けなかった。

フェミニズムと自助グループとの出合い

　父はあるとき、私にこう言った。「男は、女に支えられなければ一人前になれない。だから、お前は、俺《おれ》の母親、姉妹、友だちの役割をしなければならない」と、十四歳の私に言ったのである。

　父からそれほどの扱いを受けながら、私は父を幸せにしなければならないと思っていたし、私が家事労働も要領よくできず、不登校なために父に迷惑をかけていると思い込んでいた。

　だが、その経験があるからこそ、私がその後高校を中退し、大学検定を受け、大学に入った後に、フェミニズム★に出合うことができたのかもしれない。家父長制や男女の権力関係、抑圧関係が父と母の間、父と私の関係性が何なのか言葉にすることができたとき、嬉《うれ》しかったというよりは、目の前すべての風景が一瞬にして変わったような感じだった。価値観に変化が起こった。いわゆる落としどころが見つかったのであった。ただ、だからといって、私の生きづらさはとれなかった。

　その後、斎藤学先生の『生きるのが怖い少女たち』という本を手に取ったことがき

★フェミニズム……女性の権利と利益の向上を求める主張、運動のこと。

★自助グループ……セルフヘルプ・グループ。同じような体験をした者同士が体験をわかちあったり情報を交換したりしてより楽に生きることをめざす会。先ゆく仲間の姿を目の当たりにすることで回復への希望を持つことができ、「先ゆく人」（52頁の注参照）は後から来る人の助けをすることで自分自身も成長していく。

っかけで、私は自分が摂食障害であることを知った。その当時の斎藤先生は本のまえがきにあるように、「臨床家としての私は、サイコセラピスト（精神療法家）である。その治療関係の中では、治療者は親、患者は子である。そして、ここでも〝子ども〟への虐待・乱用があるということに最近やっと気がついたので、治療者という立場から降りることにした。そして行き着いた先がセルフヘルプ・グループである」という件《くだり》を読んだだけで、私はすっかり斎藤先生のことを信用してしまった。十年前のことだ。私は、東京で働き始めていた。その前に、父から離れたのは、父が離婚した姉と子どもを引き取りたいので、出て行ってほしいと大学卒業前後に言われたからだ。私は家出同然で家を出ていた。

それと同時に、私の自助グループ★探しが始まった。私の最初の自助グループは、知り合いの人が友だち同士（四人）でやっていたものだった。そこに、私は「ニューカマー」として紹介された。だが、これはある日突然、消滅することとなる。メンバーの一人が原因だったが、そのとき、私はその人に、「あなただって、もし、必要ならば自分でグループをつくればいいのだから」と言われた。そのときは、その言葉に怒りを感じたものだった。

★AC……アダルトチルドレンの略。成人してからの社会生活に対する違和感や生きづらさは幼いころからの親による身体的・精神的虐待などがかかわっていると自覚することで楽になれる人たちのこと。
★女性クローズド……女性のみが参加できること。
★ACODA……機能不全家庭の影響から自由になりたいと願う成人の自助グループ。

だが、突然グループが消滅したおかげで私は、ＪＡＣＡのＡＣ★の自助グループ（女性クローズド★）につながった。一九九六年のことだ。九七年に今住んでいる地方に引っ越ししたときに、この地域には自助グループがなかった。私はそれだけでも引っ越ししてくることに不安を感じたが、最初の自助グループが消滅したときの言葉が私を救った。その当時は怒りしか感じなかったが、「あなたがつくればいいんだから」が今度は私を導く言葉になった。

そして、最初は二人から自助グループを始めることになった。すぐにメンバーは増えた。その中で、メンバー同士がもめることもあったが、ＪＡＣＡでの部屋に入りきれないほどの人数のメンバーの中で、私自身ある特定の人に反応したり、本当にいろんな人と出会っていた経験が役に立った。

メンバー間のきしみは、苦痛ではあったが、ある日突然、「ＡＣは、人間関係がつらくて生きづらくなっているのだから、メンバーがもめないってこともないのかも」と思い、メンバーにも自分自身にも完璧というのを期待していた私に気がつき、少し楽になった。

現在は、必要なときにＡＣＯＤＡ《エイシーオーディエイ》★などに参加したりしている。匿名性がある意味大切な自助グループでもあるが、今度はあえてどこに行っても知り合いに会うという自分の住む地域で始めたいと思い、新聞に広告を載せたりもしたが、それは実現できていない。

こうしてみると、私の自助グループの変遷は、人との出会いであり、私の生き方そのものと重なってもくる。無駄なことは何もないというのは、もしかしたらこういうことを言うのかもしれない。本当にいろいろな人達に支えられてきたとも思う（そのときは気がつかないこともあったけれど……）。

なぜ、私は生まれたのだろうと自問することがあるのと同様に、なぜ、私は生き延びたのだろうと自問することもある。だが、その答えは明確には出ていない、分からない。分からないが、親に虐待を受けて死んでしまった子どもと何ら変わらず、いわば偶然生き延びただけなのかもしれない。だからこそ、私は今ここにいて、こうして自分の経験を語る。死んでしまった人たちは、言葉では語れないのだから……。

虐待の連鎖を断ち切る使命

ひろ

母の暴力、暴言で縛りつけられた小学生

母は始終イライラしているようだった。とくに夕食の前、理由も分からず、突然、怒り出し、私は暴力の対象となった。髪の毛をひっぱって振り回され、ひっかかれ、蹴とばされ、頭を足で踏まれた。無理矢理土下座させられ、怒られた後、夕飯を食べるよう言われたが、私の心は涙とともにボロボロだった。

私は母から憎しみしか感じられなかった。「この子さえいなければ……」。そんなメッセージが聞こえてくるようだった。実際、母は「死ね」「こんなガキ、生むんじゃ

なかった」「こんなガキ、一人残されて……」「こんな親父《おやじ》と一緒になったから……」と父のことも愚痴っていた。

父は私が九歳のとき、急性心不全で他界した。葬式のときは、親戚、近所、会社の人たちが大勢参列してくれた。しかし、その後は母と二人で乗り切っていくしかなかったはずなのに、悲しみを怒りに変えて私を暴力、暴言で縛りつけた。

体中痛かった。髪の毛もごっそり抜け、頭はこぶだらけで、しゃべると頭がひきつって痛かった。小学生の私は、夜、一人で家を出、何度、走ってくる車に飛び込もうと思ったことか。私には無力と絶望しかなかった。

学校では、クラスメートとケンカばかりしていた。母と同じように暴力という形でしか自己表現できなかったし、私の怒り、悲しみ、孤独という感情をだれかに理解してもらいたかったのだ。ケンカは私の心の痛い叫びだった。しかし、だれにも届かなかった。

母は父の死後、一生懸命働いた。私を見ず知らずの他人に預けて、バスガイドの仕事に戻った。泊まり先からは必ずといっていいほど、電話をくれた。私はそのたびにメソメソし、滞在先のおじさん、おばさんを心配させた。私は母の関心が欲しかったが、母は自分のペースで私を愛そうとした。私は寂しかった。どこへ行っても強い孤独感が私を取り巻いていた。

トラウマはトラウマを呼ぶという。第二の悲劇が起こった。結婚し、出産した後、生後二週間ちょっとの我が子を夫とその両親に目の前で連れていかれた。その時、何が起こっているのか分からず、ただ茫然《ぼうぜん》としているしかなかった。

結婚後、私は始終夫に「離婚する」と騒いでいた。舅《しゅうと》が手術で入院中、私は妊娠六か月だった。以前、二度流産していたこともあって、早々と実家へ帰っていた。その間、夫からの連絡はなく、寂しかった。出産予定日になると、退院していた舅から電話があるだけで夫からは何の連絡もなかった。私が病院に入ってから三回ほど来ただろうか。帝王切開にもかかわらず、彼は手術当日、現れなかった。

子どもとともに退院し、私は手紙で別れ話を切り出した。しかし、本心からではなく、私の方をもっと向いて欲しかったのだが、今思うと、そんな方法でしか私には表現できなかった。子どものとき、母に求めていた私への温かいまなざしを夫に求めていたのだと思う。それから半年後、ついに離婚が現実となり、子どもを手放すことになった。

クリニックとミーティングにつながる

がむしゃらに自分をいじめた。旅館の仲居さんをやったり、農家へ行って泊まり込みで作業をした。体をいじめ、忙しい仕事を選んだが、どれも人間関係が嫌になり、三か月や一か月半くらいでやめてしまった。そして自宅からデパートにパートで勤めることにし、その間、人の紹介で現在の夫と知り合った。

今度こそ幸せになろうと決めたのに、周囲の人たちも応援してくれたのに、またしても夫とケンカが絶えず、取っ組み合いになった。

娘が生後三か月ごろ、クリニックにつながり、初めて「AC」という言葉を耳にした。勧められた本を読んだり、積極的にミーティング★へ通った。最初の半年間は母からの暴力に対する怒り、自分が大事にされなかった悲しみを号泣しながら語った。そしてS先生に出会い、学童期の虐待だと言われ、その後フラッシュバック★を数回経験した。抑圧していた子どものころの感情も激しく噴出し、夫やミーティングの仲間に支えられた。

そして二年後、二人目を妊娠した。クリニックやミーティングに通ったり、東京の

★ミーティング……自助グループなどでの会合をさす。参加者が集まり、自分の体験などを語る。「言いっぱなし、聞きっぱなし」をルールとするグループが多い。

★フラッシュバック……虐待など衝撃的な出来事を思い出したくないのに心の中で何度も思い描いてしまったり、あたかも事件が再現しているかのような行動をすること。幻覚や幻聴を含むこともある。

★ワークショップ……ある団体などが主催して行うセラピーや講演などのこと。

ワークショップ★や講演会にも、お金と時間が許す限り積極的に参加し、穏やかな日々がだんだんと長くなってきたのだ。待望の二人目なので私たちは共に喜び安定した日々を送れるのかと思いきや、大波乱が待ち構えていた。妊娠三か月ごろ、出血し、病院へ行くと、即入院となった。切迫流産なので安静にした。そこで病室の人たちの話が耳に入り、気になって仕方がなかった。私の境界線があいまいなので自分のことを言われている気がして腹が立ってどうしようもなかった。人が話していることを直接自分に結びつけて考えてしまうパターンは子どものころから心の成長が止まってしまったせいなのかと考えた。結局、病室を変えてもらうことで、私の気持ちは治まった。

十日ほどで退院し、また出血し、自宅安静が続いているとき、ミーティングの仲間から電話があった。仲間の一人が自殺したというのだ。私は頭が真っ白で、信じられなかった。最後に会った彼の顔を思い出し、そんなはずはないと思った。そして話を聞いているうちに涙が出てきて、彼の死を認めなければならなかった。

その後、私にうつが襲ってきた。「彼が私を呼んでいる」、そんなことをクリニックの先生に話した。妊婦検診のため、病院へ向かう途中、バスの中から見た景色は「死」

そのもので私は怖かった。「死」が襲ってくると夫へ連絡したり、クリニックへ通ったり、仲間に電話して助けを求めた。真の自己は「生き延びたい」という強い思いがあったのだろう。

そしてその年のクリスマス間近、私は家で大暴れした。二歳の娘の前で激しく夫と殴り合いのケンカをし、ありったけの声を振り絞って叫んだ。夫は私の親を呼んだ。私は母の顔も見たくなかったし、声すら聞きたくなかった。夫が親を呼んだことも怒りを助長した。

私たちはクリニックへ行った後、四日ほど一人でビジネスホテルに泊まった。入院も考えた。東京行きも考えた。しかし、私たちが選んだ方法は、一人でホテルに泊まることだった。読書したり、クリニックへ行ったり、一人で考える時間はたっぷりあった。でも家族から離れた寂しさがあった。

クリスマスは私の実家でケーキやごちそうを食べて家族みんなで楽しむ計画をしていたのに残念で仕方がなかった。そのときはクリスマスどころではなかった。しかし、また家に戻り、家族三人プラスお腹《なか》の赤ちゃんの生活が始まった。

年末、お正月は無事に終えたことに安堵《あんど》し、何とか乗り切ったようだった。年末の私の大暴れ事件は本当にすさまじかった。娘にはとてもすまないことをしたと思い、今はできるだけの愛情を注ぎたい気持ちでいっぱいである。

「ニコニコ仮面」をはずしたい

ＡＣの特徴として人間関係の歪《ゆが》みがある。私もその一人で近所の人たちとケンカをした。アパートの上、隣、向かい側の人たちと……。自分の悪口を言われている気がして「悪口を言わないで欲しい」「言ってない」という内容のケンカだった。さすがに居づらくなって、私の実家近くの村営住宅に移り住んだ。私はどうも人との距離のバランスがよくとれていないようだ。

第二子は安定剤の薬を飲んでいたにもかかわらず、健康な体で生まれてくれた。しかし、私には子育てという難関が立ちふさがっていた。

娘の乳児期は、よく寝てよくミルクを飲んだのでほとんど手がかからなかった。空き時間には、ＡＣ関連の本を貪《むさぼ》るように読んでいた。

娘が二歳くらいになると、甘えてきたり、抱っこを求められて、私は抱っこをできず台所へ行って食事の支度をしてしまった。あのときの寂しそうな娘の表情がときどき目に浮かぶ。

二人目妊娠時、娘はほとんど夫の実家でお世話になった。私は週に一日か半日くらいしか一緒にいてあげられなかった。大声で怒鳴りそうになったり、たたきたくなったりしたときはすぐに夫へ連絡し、娘を夫の実家へ連れていってもらった。そうして自分と娘を助けた。

二人目を出産し、住居を変え、だんだんと私も落ちついてきた。娘は満三歳で入園し、娘との距離がとれた分、一緒にいる時間が大切に感じられるようになった。初めての長い三週間の春休みには、子どもたち二人連れて毎日のように公園に行った。前のアパートにいたとき、私は閉じ込もりをしていた。近所の子どもたちの声が聞こえると、娘は玄関の方に行って一緒に遊びたい様子だった。娘には悪いと思ったが、私は無理をしないで自分を守った。

現在は、朝五時半ごろ起きて、夫と息子のお弁当をつくる。夫と子どもを送り出したあと、メディテーション（めい想）したり、ACの本を読んだりしている。仕事にも出られるようになって、午前中のパートを始めた。娘は小学一年生になり、毎日宿題をこなしながら大きなランドセルを背負って登校している。娘や息子の存在に感謝し、子どもたちの成長を喜べるようになった。

今の課題は、「ニコニコ仮面」をはずすこと。小学生のとき、友だちづくりを十分に築けなかったので、中学からは、母や自分を笑いのネタにしてクラスの人気者になることに力を注いでしまった。随分、無理をした。私の声がやたらと大きかったり話すトーンが高かったり、周囲に愛想よく振るまおうとするのは、そのとき、間違って身に付けた「偽りの自己」なのかもしれないと思う。息子の幼稚園先で「ニコニコ仮面」は発揮される。疲れやすいのはそのせいもあるかもしれない。今は、できるだけ、自然体でいられるよう反省、練習の日々である。

こうして、夫と出会えたこと、二人の子どもたちに恵まれたことに感謝したい。そして虐待の連鎖を断ち切る使命を与えられたことに誇りを持ちたいと思う。生きていてよかった。これからも自己の成長に励み、子どもたちとともに未来へ向かって歩んでいきたいと思う。

仲間を通して私自身を抱きしめる

和恵（L.M.G.〈愛したい母の会〉）

サバイバルした時間

三十四年と〇日と十五時間二十六分。この世で、私が今まで生きてきた時間。誕生日だった昨日、「和恵ちゃん、お誕生日おめでとう！」「三十四年も生き延びて、よくやってきたね」「生きててよかったね」と、何度も自分に声をかけつづけた。うれしいっ！　素直にうれしい……。

十歳ぐらいから、ほぼ毎日、一日一度は、「自分なんか生きてちゃいけないんじゃないか、死んだほうがいいかも、死にたい」と思ってきた。そして、我が家は学歴重視なので、大学を出るまで、……少し卒業が延びて「二十五歳くらいまでは生きているかもしれない。でも二十五歳を過ぎたらどうなるのだろう……？　結婚して、家族をつくるの……？　普通の人はそうなのかもしれない、でも私には無理。考えただけで気が遠くなるほど怖い。二十五歳で私の人生は終わるんだ……」。それが私の人生設計だった。

ところが、その二十五歳は優に過ぎた。三十歳になったときはまだ信じられなかった。

「これは嘘だよ」と壁絵がはがされて景色がかわるのではないか、というような不安とともに生きていた。

そして、その三十歳も四年通り越し……、もう大丈夫だ。もう私は死なない（天命のくだるその時まで）と思える。三十三歳だった昨日の朝と、三十四歳になった今日の朝、何も変わらないのに、なぜか安心している。何もかわりばえのない一日一日が続いていくのだろうことがうれしい。そうして年をとるのだろう、生き続けるのだろうと思えることが本当にうれしい。

子どもの心を殺して生き延びた両親

二月二十二日、冬の終わり。春の手前。

私の生まれた時は、寒い日で、嵐の晩だったらしい。満月の水曜日の夜。ミャンマーの占いでは神秘な性質を持つ子が生まれる時間、私は母のおなかを通ってこの世に生まれた。

母の子宮の中は居心地が良かったのだろうか？　生まれ出る瞬間はどんな感じだったのだろう？　瞑想《めいそう》をしていて、「このままどこかへテレポートできるのではないか」と思って、大好きな人に会いに行こうとしたとき、狭くて暗いトンネルの中を、きゅーっと体中をトンネルの壁に押さえ付けられるように移動した。生まれるときの感じに似ているのかもしれないと思った。

それは、父三十二歳、母三十歳のときだった。

父は十八歳で、家族のために自分の夢を捨てて、純朴な彼の性格には似つかわしくない競争社会、上司の命令と規律と暴力が支配する世界に就職した。野性味あふれた人間性たっぷりの彼は、その彼らしさを職場で徐々に削《そ》ぎ落とし、アルコールに依存しないではいられなかったのだろう。

母は、生まれた双子の一人を病院のミスで失い、悲しみにくれる時間も与えられずもう一人の赤ん坊を育てなくてはならなくて、しかもその子は超未熟児だから、母が一生懸命育てても結果が現れなくて……、初めての育児がそんな調子で始まったから、母はどんなに心細かっただろうかと思う。

そんななか、私は生まれた。母が私の妊娠を知ったのは、兄が「生後六か月ぐらいの発育状態」だったときだ。しかも、父はアルコール依存症ときている。こんな状態での妊娠は、喜べるはずもない。母の緊張と不安を、私は胎児の時代から一身に受けてきたのだろう。

都会の核家族の子育てがどんなに大変か……。夫婦が力を合わせたとしても、子どもの欲求に十分に間に合うものではないことは、私も経験したからよく知っている。

両親は、彼らなりに必死に私たち兄弟（私の下にも弟が二人いる）を育てたのだ。愛されなかったわけではない。彼らの精一杯で私は愛された。けれども、お互いに十分に幸せではなかった両親の「精一杯」では私には不満で、自分を押し殺して育児をしていた両親は、その苦しさを、時には子どもの心を殺すことにシフトしてしか生き延びれなかったのかもしれない。

私も体験した「よい親」でいられない苦しみ。自分が子ども時代に満たされなかった分、我が子にはよくしてあげようと思うのに、空回りばかりする。子どもの泣き声が、「自分が十分でないことを責める」声に聞こえる。

罪悪感と嫌悪感に押しつぶされそう

高校生の時、学校へ行けずに部屋にこもって本（精神病や心理学、宗教、セックスに関係したもの）ばかり読んでいた時期がある。朝だけ制服をきて学校へ行くふりをしていれば、家族が出かけた後、私がちゃんと学校へ行ったかどうかなんてだれにもわからない。家族の夕飯の仕度さえしておけば、だれも私の精神状態になんて気付かない。予定外に家人が帰宅すると、留守を装うために押入れに隠れて息をひそめ、トイレを我慢しなければならなかった。膀胱《ぼうこう》が痛くなるまで我慢すると、ある雨の日はベランダに垂れ流した。夜昼かまわず本を読み、疲れると尾崎豊をBGMに眠った。うとうとしていると、ときどき、人間とも獣ともわからないものが部屋のドアをノックし、現れては姿を消した。

自分の中のまともそうな部分だけを必死に寄せ集め、表面だけをとりつくろって生きながらえている時間をやり過ごしていた。傷つかないためには、人とかかわらないことが最善だった。「自分」を見せないこと。触れさせないこと。感づかれないこと。「寄せ集め」でできた表向きの顔を保っていられる時間や場面はごくわずかに限られていた。二階にある私の部屋にあがってくる母の足音に緊張し、私が部屋から急に飛び出して驚いた母が階段から転落するのを想像しながら、実際にドアが開くとあたりさわりのないやり取りをして、ベランダに干してあった洗濯物を渡したりした。そして母が出て行くと、ホッとした感じと見捨てられ感を同時に抱き、その自分の胸にサバイバルナイフを突き立てるイメージをつくった。家人も他人も自分も敵だった。アトピー性皮膚炎が悪化した。さまざまな薬とアルコールのお世話になった。

酔っていれば、男も怖くなくなり、行動範囲が広くなった。子どもも産んだ。就職もした。しかし、それを冷ややかに見ている私がだんだん遠く、でも強く感じられるようになり、ときどきもう一人の私が戻ってくると、分裂から解放された私は酔っていた快感の余韻とともに罪悪感と嫌悪感に押しつぶされそうになる。

その起源は、家族のアルコール依存症だけでなく、見知らぬ男の指が十歳の私の性器にくいこみ、もてあそばれ、私から奪った時に決定づけられた。「女は男のおもちゃになるもの」……、十歳の私はそう悟り、痛みを感じないため、屈辱を感じないため、全力で闘った結果に無力であることを思い知らされないため、全てを奪われることを避けるために、体から抜け出すことを覚えた。私が生きるために。


でも、それは、とても淋《さび》しい生き方だった。

長い年月かけて私の体の細胞が覚えた行動パターンは、そう簡単にはかわらない。私は癒《いや》されることが必要だった。

自助グループ仲間との出会い

二十五歳のはずの寿命が、予想に反してさらに十年近く長く生き延びたその時間は、私が自助グループにつながった時間とほぼ重なる。

大学の図書館で『家族依存症』（斎藤学著）という本を見つけて、自分の苦しみの正体を知った。そして「自分がどうにもならなくなったら、この先生の所へ行こう」と決めた。女性ばかりの自助グループにつながり、そのグループの関係者だった男の子どもを産んだ。

母が双子の片割れの死から癒されないまま子育てをしたように、私も、「うちみたいによい家族はない」と言いながら突然死んだ兄の死に囚《とら》われながら初めての子育てをした。何をしても、しなくても子どもの深層心理を傷つけてしまう気がして、いつも緊張していた。一日二十回のオムツ替えのたび、沐浴《もくよく》で裸にするたび、「女の子に生まれたこの子も、将来性的被害にあうにちがいない」などと思い、幼かった自分の体験を思い出しては体がこわばり、気が遠くなるようだった。

娘が一歳半になり、自己主張で泣き喚《わめ》くようになると、私の娘への暴力は止まらなくなった。「自分では止められない」と思い、かつての自分と約束したとおり、オープンしたばかりの斎藤学診療所をたずねた。

そこには私と同じように、「子どもを虐待してしまう」「子どもをかわいいと思えない」という悩みを持つ仲間たちのグループがあった。馴染《なじ》みの「言いっぱなし、聞きっぱなし」のミーティングで、だれにも批判される心配がなく、初めて子どもを産んでからのつらかった思い、保健師さんにも保育園の保育士さんにも、親や友人にも、連れ合いにも言えなかった自分の心の内を初めて話すことができた。

ミーティングが終わると、ファシリテーター（進行役）をしていた仲間が「みんな同じだよ」と言って、やさしく抱きしめてくれた。とたんに涙があふれ、私はわーわー声をあげて泣いた。私が欲しかったものは、これだったのだ。覚えていないくらいずっと前から、ずーっと緊張し続けていた心の袋のひもが、フッとゆるんでしまった。

私は母の胸で、こうして安心して抱かれた記憶がない。その三年前、兄が死んだとき、家に駆けつけて母の顔を見るなり「私のせいだ」と泣いてしまったとき、一瞬母が「そんなことないよ！」と肩を抱いてくれたが、そんなふうにされることさえ悪い気がした。

長い間、私は自分の家を探していた。親と暮らしていた子どものときも、十代のころも、アパートで一人暮らしをしていたときも「自分の本当の家は、もっと別の所にあるんだろう」と思っていた。もしかしたら、子どもの父親である男と暮らしていた家にいるときさえ、そう思っていたのかもしれない。

仲間に出会い、長い長い、自分の家探しは終わりつつあるのかもしれないと予感を持った。

娘が二歳になる直前、危うく命を奪いそうになって、乳児院に娘を預けたときも、私を支えたのは仲間たちの存在だった。

母親になったとたん、私は名前を失った。「○○ちゃんのおかあさん」としか呼ばれない。私も、いい母親になることだけが自分の役割のように思った。その私が娘を虐待し、とうとう母親役も他人に任せることになった。自分は生きている資格も、意味もない……。娘に手をあげるたびに「死にたい」と思ったけれど、「他人の手に娘を託した今、私がいなくても娘は安全だし生きていける」。死ぬチャンスだった。けど、仲間がいたから、何とかよくなろうとしている仲間、すでに子どもは手元にいないけれど子どもたちのことばかりを話し祈っている仲間、そばに一緒にいてだまって話を聞いてくれる仲間、そばにいなくても「一緒にいる、つながっている」と思える仲間がいたから、生きてこれた。一人ぼっちじゃないって思えたから、死ねなかった。

そして、娘が生まれなかったら、この自助グループにもつながれなかったし、すでに生きていなかっただろう。生まれてきてくれた娘に、ありがとう。そして、娘を私の所に送ってくれたハイヤー・パワー★に感謝。


グループはさいとうクリニックからJUSTに移ったが、すでに五年以上続いていて、私も五年間、ほとんど毎週通った。今三歳の息子の産前産後は、麻布まで通いきれない私のために、仲間たちが私の地元にグループをつくってくれた。だから私は、週二日はグループで話す。ミーティングで話した日は、子どもたちに優しくできる。速効性のある薬みたいだ。しかも、副作用がない。

仲間たちが、話を聞くことを通して、目で、態度で〈実際にハグ〈抱擁〉してくれたり〉私を抱っこしてくれるので、私も子どもたちを抱っこすることができるのだ。

今の私に日常的に必要なことの多くを、私は自助グループで満たす。

人がそばにいる安心感、ぬくもり、話を聞いてもらうこと、話を聞くこと、人間関係の練習……。家に一人でいてさえくつろげないときは、ミーティング中にくつろ

★ハイヤー・パワー……人知を超えた力。大いなる力。自分の中にある自然の治癒力。

ぎ、緊張が高くて夜眠れないときは、ミーティング中に寝てしまう。仲間たちの集まりが、私のお母さん……。

そして、仲間同士の電話での分かちあいは、これまた素敵な魅力がある。

その時その時で、私に必要な相手から電話がかかってくる。来客中（仲間が「和恵ちゃん、話聞いてー」と直接訪ねてきてくれて、二人で話をしているとき）は電話は鳴らない。話が一段落すると電話が鳴る。そして、育児がつらいという共通点だけでなく、不思議なことに、その時の私の中で特に問題になっていることとほとんど同じ問題が、電話のかけ手から話される。

たとえば、私が子どもと父親である男と別れたことを、別れて一年してから今さらのように後悔する気持ちがわいていたときは、離婚の相談や、恋人と別れようかどうしようか迷っているというような内容の電話ばかりがかかってきた。彼女たちと話しながら、「やっぱりあの時は最善の選択だったんだ」という自信がわいたし、「別れて」も生きていく勇気や一人ではないことの力をもらった。

また、鬱《うつ》がひどくて、「生きているのがつらい、死んでしまおうか」とばかり思ってしまうときは「死にたい」という仲間の電話がかかってくる。「私もそうなの」なんて言って、「生きているだけで大変だよね」と共感し合って安心して、まだ自分の体が温かいことに気付いたり、「今までだって、死にたいと思ったことは何度もあっただろうけど、なんとか生きてこれたね。生きててくれて、こうして今、私と話してくれてありがとうね」とか「生きているだけで十分だよ」とかいう言葉が自然に口から出るとき、それは電話の向こうの顔の見えない仲間に話しているというだけでなく、自分自身に向かって言っているようでもある。仲間の声と私の声を私の耳が聞く。

仲間は、私を映す鏡。仲間を通して、私は私と出会い、私と対話し、私を抱きしめる。

あなたがいなければ、私は生きることが難しい。

家に一人でいたら、悪循環な思考をくりかえして、頭が痛くなり、さらに欝がひどくなっていただけだ。あらゆる思いを振り切って、機械的にただ、麻布十番まで電車に乗ってＪＵＳＴにたどりついてよかった……。そんな「今日一日」をつみ重ねるうちに、少しずつ鬱の程度もよくなってきた。

社会に向けた発信

そして、おおぜいの人の出入りするＪＵＳＴの事務所は、私にとって人間関係を練習する場でもある。最初のころは自分の当番の時間に、電話のある席に座って、電話の向こうの顔の見えない相手と話すだけで、目の前にいて顔の見える仲間たちとはほとんど話さずに家に帰っていた。電話で話しているとき以外は、「自分がここにいていいの？」とか、何を話し、どう振るまえばいいのかわからなくて、「変なことを言って相手を怒らせたり、嫌われたりしたらどうしよう」なんていう不安でいたたまれなかったから。

黙って座っているだけの仲間もいれば、仕事をしている人もいる。仲間とおしゃべりしている人もいる。そのうち、私も「こんなこと言ってもいいかな？」なんてドキドキしながら、思いきって会話に混ざることもしてみるようになった。大丈夫だった。黙って座っていても大丈夫だった。このごろは「ねぇ、＊＊ちゃん、聞いてくれるー」と、他の仲間のまねをして、自分の悩みを聞いてもらうこともしてみるようになった。これは、大丈夫どころか、とてもステキなことだった。自分も楽になるし、相手も「話ができてうれしい」と言ってくれた。自分から相手に飛び込んでみる（ダメモトで……）ことを恐れて生きてきた月日がもったいなかったな。「大丈夫」が増えて、私の行動範囲も広がる。ついでに男性恐怖症の私が、男性と話をする練習もする（性暴力被害者のグループのミーティングにも出ながらだけど）。

そして、今もこうして、社会に向けて発信する。おおぜいの仲間たちと出会うことで子どもを虐待してしまう苦しさも、好きなはずの人を怖がってお互いに傷ついてしまうつらさも、私一人のものではないことを知ったから。子どもを虐待する母も、育児を負担したり妻の話を聞く余裕のない夫も、戦争トラウマなど自らのトラウマをみすえることができずに社会をつくってきた会社役員や政治家も、みんな苦しいんだとしたら、自分の苦しさに気づいた私たちには役割がある。役割があるから生きされる、トラウマを抱えた仲間がいたから生きてこれた。

三十四年と五日と二時間四十六分。気分の浮き沈みの激しい私なので、今日は誕生日当日ほどの感激はなかったけれど、自分が生きてこれた時間を確認すると、なんだかホッとする。その間にどんな結果をつくったかはさておき、つながってきた時間がある、自分にその時間を生きてきた力があったという事実に力をもらう。

相談用の電話にかけてきて「お誕生日おめでとう」と言ってくれた仲間もいれば、隣の席に座っていたために私の大声のおしゃべりを耳にしてしまい、「誕生日プレゼントに」と菓子パンをくれた仲間もいた。ＪＵＳＴってそんな私たちの居場所。

（二〇〇一年二月二十三日、二十七日　記）

悩みが友だちを集めてくれた

ひまわり

アルコール依存の父、共依存の私

私が自助グループに出合ったのは、父のアルコール依存からでした。父のアルコールが増えていったのは、母が亡くなった後からでした。母が亡くなってからは、アルコールを飲みながらも一生懸命働いて二人の娘を育ててくれました。

でも、姉が結婚して家を離れ、私も就職し、父の手から離れようとしました。それが、寂しかったのか「俺《おれ》のことは心配しなくて良い」と言いながら、寂しそうにお酒を飲んでいました。そして、加齢とともにお酒の量がだんだん増えていったので、私は「この家を支えなくては……」と思い、しっかり者の娘を演じていましたが、父のことでは心配が増えていました。心は満たされていませんでした。そして、その原因を父のせいにして、父のお酒をやめさせようとコントロールし始めました。

でも、私の努力とは逆に父のアルコールの影響はどんどんひどくなり、それについて、親族からは私が責められました。そして、どんどん孤独になっていきました。

そして、とうとう、「こんな人生もう嫌だ。生まれて来なければよかった。死んでしまいたい」と思っていたころ、ふと入った本屋さんでアルコール依存に関する一冊の本が目に飛び込んできました。父のアルコールのことはあきらめて忘れたいと思ったのに、私の無意識の中では忘れてはいませんでした。頑張ったのにできなかったことなので、期待しないで読んだ本でしたが、そこには「アルコール依存は病気だ」と書いてありました。「私のせいじゃない」と分かりこの本は私の味方だと思って、真剣に読みました。この本のおかげで、アルコール依存のためのグループがあることも分かりました。本の最後には、相談機関の電話番号も書いてありました。わらをもつかむ気持ちで、ある日一人でその本に書いてある相談機関に電話をしました。

そしたら、電話をとった人から「お父さんは愛されなかったのよ」という意外な言葉を聞きました。そして、近くの自助グループを紹介してもらったので仕事が終わった後、車で自助グループまで出かけました。初めてミーティングに参加した感想は、「ここは私が来る場所ではない」と思いました。でも、その時に自分にできることはなかったので、一生懸命通いました。そこで、先ゆく人★が「今までしてきたことと反対のことをしなさい」と教えてくれました。また、病院があることも教えてくれました。病院という手段があることを知った私は「父を病院に入れて早く楽になりたい」と思ったので、何とか父を病院に連れて行こうと考えていました。ミーティングで会った人は「まだまだだめだ」と言いましたが、ある休日に旅行バッグに入院の準備をして「病院に行こう」と言うと意外にも父はすんなり病院に行ってくれました。病院に入って父が治ればすべて解決すると思いました。

でも、そうではありませんでした。父がそばにいなくても私の頭の中は父のことでいっぱいでした。スーパーマーケットに行っても父の好きな物ばかり買おうとしました。そのことを病院の家族会で話すと「共依存」という言葉を教えてくれて「あなたも病気」だと言うのです。それで、ミーティングに行くように勧められました。私は「自分が病気」ということを聞いて「こんなに頑張っているのに」と思い、早く回

★先ゆく人……自分より回復している自助グループの仲間のこと。先ゆく人の姿を目の当たりにすることで回復への希望を持つことができ、先ゆく人は後から来る人の助けをすることで自分自身も成長してゆく。

復したくてミーティングに通いました。そこで紹介されるセミナーにも参加しました。

父との和解

知識を得てから自分を振り返ってみると、私をかりたてていたものは、母の死のときに持った罪悪感でした。母が突然倒れたときに、姉は「おまえが変なことを言うからだよ」と言いました。私が言った言葉は、近所でお葬式が続いたときに、「今度はうちかなあ」という言葉でした。姉に言われた言葉だけでなく、そのころ思春期で反抗期の私は母のいい子ではなかったこともあり、罪悪感を持つことで予期せぬ環境の変化に適応しようとしたのでした。

母が亡くなる前までは、したいことをさせてもらえる、ある程度幸せな子どもでしたが、母の死後は、自分を抑えて周りの期待に応えるいい子を演じるようになりました。だから、だれといても心から楽しめていませんでした。

でも、ミーティングに行き始め、本音を言ったり聞いたりしたことで久しぶりに自分の中の本当の自己が息をし始めました。アルコール依存について知識を得たので、心配してくれた親族に新しい知識を話しましたが、親族は真剣に聞いてくれませんでした。だから、共通の話ができる場所として、また新しい知識を得られる場所として自助グループやセミナーに通い続けました。会ったばかりでもすぐに話ができるのは、悩みが同じだからでした。悩みが友だちを集めてくれたのです。

父の方は時々外泊しながら入院生活をしていました。父本人がミーティングに行けるようになることを期待していましたが、入院していた専門病院から、「老人病院への転院」を勧められるようになりました。

入院してすっかり年老いたおじいさんになった父はそばにいても嫌ではありませんでした。ある日、外泊で家に戻って静かな時間を過ごした後、病院に送って行ったその夜、病院から電話がありました。

「けいれんを起こしたので転院しました」

ということでした。すぐに、車で高速を走り転院先の病院に向かったのですが、その時、父の笑顔や良いところしか浮かんでこないことに気づきました。あんなに憎んでいたはずなのに……。

病院に着いて、昼間まで元気だった父がベッドでふるえているのを見て涙が出てきました。それまで、共依存ということで世話焼きを我慢していましたが、そばにいていろいろなことをしてあげたい衝動にかられました。たくさんの知識を得たはずなのに、それまで見たこともない父の姿を見たら、「もう専門家の言うとおりにするいい子でなくてもいい」と思い、自分の思いに従ってできる限りの看病をしました。批判するほど愛着しているそうですが、そうかもしれません。

その年は仕事が忙しかったけれど、毎日毎日病院に通いました。親族は、そんなにしなくても良いと言いましたが、母の時には罪悪感が残ったので、今度こそは後悔したくないと思ったのです。父の看病は六十七日続きました。その間に、仕事もし、父のことを話せる場所であるミーティングやカウンセラーの所にも行ったりしました。看病を続けていたら、思いが通じたのか、一度はだめだと言われたのに父は意識が戻りました。でも、体は衰弱していきました。

ある日、看病疲れの気分転換のためにカウンセリングに行ったら、カウンセラーの先生が「ありがとうと言ってあげなさい」と言いました。それは、別れを意味する言葉のように思えたのでなかなか言えなかったのですが、やっとの思いで「今までありがとう」と父の耳元で言いました。

古い家の長男である父は家を守り親族を支える家長でした。だから、母が死にアルコールの量が増えてくると親族があれこれ口出しをしてきました。それに洗脳されながら父と私は、家という無形のものを支えていたのです。だから、病院での看病の日々は久しぶりの親子水入らずの時間でした。幸せでした。

ありのままを受け入れてくれる人

親族に応援してもらって、父の葬儀が終わり物理的には楽になりましたが、私の中では「これで終わったわけではない。どうして私はこういう人生を歩んだのか理由を知らなければ、終わらない」と思いました。

そこで、一年間は、一か月に一回位の割合で東京で行われるワークショップ（講習会）に通いました。そこでは、「批判するほど愛着していること」や「しがみついていたのは自分であること」「男性性のある人を探しなさい」「楽しいことを探しなさい」という指針をもらいました。

そこで、教えてもらったことの実践の場は、職場でした。父の死後、職場の男性が父の分身のように見えました。だから、その中から世話を必要としない人を選んで近づきました。そうしたら、偶然にもその人は私を休ませてくれて、かわいがり守ってくれました。あまりにかわいがってくれるので感謝しながらも、「この人の期待に応えたら、父と同じ関係を作ってしまう」という警戒心から極力期待に応えるいい子ではなく自分が楽しいと感じる関係を作ろうと思って過ごしました。傷心の私を気遣ってくれたこともあり、その時の職場は居心地が良かったです。

でも、楽しかった職場も長くは続かず、次の年にその人は転勤になりました。送別会のときに、「大事にしてくれてありがとうございました」と伝えたら、「だれでもそうしたんじゃない。どんなに年が離れていても身内にしたいと思った」という言葉を最後にくれました。

その言葉の意味を理解できないまま、ワークショップでそのことを報告すると「それがゴールだよ」と先生は言ってくれました。「ほかのだれでもないおまえがかわいい」ということが大事なのだそうです。

その時、自然に涙が出てきました。これが欲しかったのかと思いました。長い間自分が欲しがっていたものは、頑張って手に入れる物ではなく、ありのままを受け入れてくれる人だったのです。

なんで生きていられたのだろう

山田太郎

酒が入ると別人に

気がついたら私は四十歳を超えていました。おそらく共働きで子どもたちを育てる今の私の日々の暮らしは多くの人から見て平凡な暮らしと映ることでしょう。しかし、私はアルコール依存を抱えている両親のもとで十八歳まで過ごしました。また小学生のころには激しい「いじめ」を受けました。それらのことは、私の生活の細部にまで影を落としていたと思います。

酒を飲まないときの父の不機嫌は恐ろしいものでした。しかし、飲み始めてしばらくは、不機嫌になるときの想像がある程度つき対応もできました。でもさらに酒が進むともうだめ、別人になってしまうのです。いつどう変わるか予測が立ちません。母親をいつ殴るのか、私は何をすれば殴られるのか、しなければ殴られるのか。

小学校三、四年生のころだったでしょうか。小さな市営住宅に住んでいました。夜になると、狭い部屋で父が母に罵声《ばせい》を浴びせる。隣で聞いていた兄と私は「殺し合いが始まるんじゃないか」と心臓が飛び出しそうなほど怖くて寝ていられない。朝も激しい罵声からのスタート、父親が思いっきりドアを閉めて出勤。明け方から起きて布団で息を潜めていました。夜尿の布団のままで（おねしょがみつかって折檻《せっかん》されたことは一度や二度ではありません）。

「どうして私をいじめるのか会議」

そのころ学校でも私へのいじめが同時進行で始まったように記憶しています。図書室で裸にされたり、トイレに閉じ込められ、ホースで水をかけられる（冷たいともなんとも思わなかった）。学年が進むにつれ、いじめは陰湿さを増していきます。無視、ばい菌扱い。クラス中で私に関するものに触れると菌を付け回る、鬼の変わらない鬼ごっこ。

しかし、私はコミュニケーションをとろうとしたのでしょう。私なりにいろいろなものを学校へ持って行っては皆に配ったり、あげたり、親切にしようとしたようです。

つらかったのは、かかわってもらわなかったことより「かかわろう」としたのにだれも「いらない」とされたことだったのかもしれません。皆と同じになろうとおそらく命がけで取り組んだ少年だった。よく空想していました。宇宙は果てがないということが分からなくて、不思議でたまらなくて「死」とはなんだろう？ と。そんなことを作文に書いたのを覚えています。先生から「もっと子どもらしいことを書くように」と言われました。

「自殺」という言葉こそ浮かびませんでしたが、帰り道、これが永久に続くように思い、「もう終わりになればいい」と歩いていた記憶があります。ある日休み時間（これは恐怖の休み時間）、トイレで、よそのクラスの子が隣にいました。私がつぶやいた言葉を覚えています。「タ・ス・ケ・テ」。教師は何をしていたのでしょうか。知っていたなら給料泥棒です。いや、税金泥棒か、そもそも教師にいじめを解決できるわけもないか。

夜には両親の激しい罵《のの》りあい、暴力、昼は学校でのいじめ。卒業するまで続きましたから、きつかったです。何度か夜中に発作を起こし病院へ担ぎ込まれたことがありました。病院のベッドで点滴を受けながら嘔吐《おうと》を繰り返し原因も不明。当時は「自家中毒」と言われたと思います。助けは、なかった。病院からランドセルを背負って学校へ行きました。あんなところに行くんじゃなかった。

「どうして私をいじめるのか会議」が六年生のとき開かれました。私は最前列の席に座りクラスの一人一人が手を上げます。「くさい」「うそつき」「勉強ができない」「へんなことをいう」「着ているものが汚い」次々と手が挙がります。司会は担任教師でした。善意でいじめの激化に加担した。私はただ、友だちが欲しかった。安全な家でくつろぎたかっただけ。

その会が終わったとき先生は「だいじょうぶ?」と私に尋ねました。「平気です、なんともありません」笑って答えたと思います。こんな私でしたが、好きなことがありました。スポーツです。特に球技と器械体操、四年生のころにはだれに教わったわけでもなくバクテンや宙返りをひとりでやってました。野球は好きでしたが、仲間に入れてもらえないので、近所の中学校のグラウンドにある壁が親友で、延々と壁当てキャッチをし、家に帰るのを遅らせていました。小学校を卒業する日は嬉《うれ》しかった。もうここへ来なくていい。しかし、二週間もすると同じ小学校から中学校へ行く人がいることに気づきました。

中学校ではピエロ役に徹したおかげか、それほどいじめは受けなかったように思いますが、「今日から＊＊を無視する」という署名が授業中に回ったりしたことはよくありました。＊＊は私のことですが。ちょっとしたトラブルに巻き込まれてひどい罪悪感を植え付けられたのは中学一年生のときでした。男子や女子が集まってひそひそ話しています。私に聞こえるように「あいつは小学校のとき、ばい菌で、ゴミだったんだぜ」。すくみました。また始まるのか、と。リラックスが何のことかさっぱり分かりませんでした。

中三のときだったでしょうか。私の給食を後ろの席の奴《やつ》にいたずらされたとき、初めて切れました。私の倍くらい体格の大きな奴でしたが、食って掛かって、後ろに押し倒してやりました。あの時は気持ちよかった。その後ぼこぼこにされましたが。

ただ、小学校のときのような均一な情けない連中ばかりでなく温かい人もいました。仲良くなった人もいました。

家での状況は相変わらずでしたが、父には逆らうことも時々あり、中三のときには初めて父につかみかかりましたが、返り討ちにあってしまいました。父は空手の有段者だった。しかし、向かっていってよかった。

小学生の自分に謝罪

ある日、さいとうクリニックで「いじめについて」話をしたり聞いたりしているうちに、込み上げるものがありました。

「大丈夫?」と尋ねた担任、「大丈夫なわけねえじゃねえか!」。こころのなかから叫び声があがり、一晩泣き明かしたと思います。「まずい」「しまった!」。私は自分を小学校に置いたままだった。

翌週にはその学校を訪ね、当時の先生を探し、わけを聞いてきました。先生はすべて覚えていませんでしたが、「それが本当だったら、私の教師生活の最大の汚点だ。あなたに詫《わ》びなければならない」とおっしゃいました。

学校へ行きリンチにあっていた踊り場で小学生の私に謝りました。当時の写真を夜中に花壇に埋めて彼への手紙も添えました。「一緒に東京へ連れて帰るからね」と。

黙々とその作業をした三日間の旅でしたが、その地を離れるとき嗚咽《おえつ》がとまらず車の中でそのまま泣かせました。

いじめや家族内トラウマが後の人生に本当に影響を及ぼさないのでしょうか。私には違った。

しかし、私をいじめた人や親だった人たちよりも私は幸せな人生を手に入れています。だから親切にしようと思います。パートナーと娘たちに。それが私にできる復《ふく》讐《しゅう》です。いじめを私は見逃さない。

しかし、仕事に行くとき「匂《にお》う」のです、すくんでしまうことがあります。いまだに、悪夢や不眠、身体症状、抑うつに悩まされることもあります。しかし私はもう小学生でも親の子どもでもありません。夫であり、父親であり、大人（?）です。ゆっくりやっていきたい。遊びながら、楽しみながら。少しは知恵もつきました。その三日間をやってきてよかったと思います。

共依存の帝王、母来る！

先日二年ぶりで母親が上京してきました。大阪で兄弟会があり、ついでに東京まで「行ってもいい?」とのことで、「よかったらどうぞ」(その後大変なことになると気づくべきでした)。

会うのは二年ぶりでしたが、助かりました。家事全般をすべてやってくれるのと、娘たちは学童保育へ行かずに帰れるので、友だちと自由に約束して遊べるからです。

しかしここからが……。母は、ひたすらしゃべりつづけているのです。夫(つまり私の父親)がどれだけひどいか、お酒もタバコも完全に止めているし腕力による暴力はないが、どれだけひどい言葉、暴言、脅し、暴力のそぶりを毎日続けているかを。私やパートナーに、娘たちにまで。のべつまくなし、場所も時間も関係なし。

どんな話題もそこへ収斂《しゅうれん》してしまうので「会話じゃないよ」と思いましたが、まあ一週間だから我慢するかと思った親心が裏目へ。私たちのところへ来たら体調が回復し、よく眠れるし、よく食べられるし血圧も安定してしまって。「もう少しいようかしら」(絶句!)。結局一か月ちょいいました。帰る前の日になると具合が悪くなるし。

「あなたが小学生の三年くらいだったかしら、成績が悪くてテストを全部引き出しに突っ込んでいたのをお父さんが見つけて、鬼のような形相であなたの髪をつかんで持ち上げてそのまま水を張った洗面台に思いっきり沈めたときにはあなたが殺されると思って渾身《こんしん》の力で体当たりしたら、その後私が殴られて、どれだけ怖かったか」

（俺《おれ》はもっと怖かったのでは……）

帰る二日前、私が出勤前にアイロンをかけていたら、「昔私に……」と暴力の話が始まりかけたので母のほうへ向きを変え、「僕に五分時間をくれる？」と聞くとキョトンとしています（えーい、遅刻してもいいや）。

「お母さんね、来てくれて家の事全部やってくれて私もパートナーも娘たちもどれだけ助かったか分からない、ありがとう。せっかくここまできたのに、一か月ずっとお父さんの話。暴力の話しかしていないよね。

きつい言い方だったら悪いけれども、私たち四人ともクタクタになっているんだよ。お母さんも暴力にさらされ続けて心が傷ついていると思うよ。お母さんが暴力にさらされ続けたのはよく知っている、見ていたから。

だけれども、私たちにこの一か月やってきたことも暴力だって気が付かなかった？娘の前でも話していたでしょう。あの子たちにとっては『いいおじいちゃん』のイメージがあるんだよ。それは壊さないで欲しいし、まだ早いと思うんだ。

私たちもお母さんともっといろんな話もしたかったよ。帰るのが嫌だったらずっといてもいいよ。ＤＶのこと勉強できるしね」

気が付いたら、私は涙を流していました。おそらく「会話」をしたからでしょう。その夜帰宅すると、パートナーが私の腕を引き寄せて、「どうしたのか分からないけどお母さんが、今日一回もお父さんの話をしないのよ、具合悪いのかなあ。元気そうだけど」。言葉がちょっと効きすぎたか……(ま、いいか)。

翌日母は、血圧が上がったまま帰路へつきました(というか、電車に乗せてしまった)。私も考えることの多い一か月間でした。母自身が過去の暴力の影響を引きずりつつ今も心理的虐待を受け続けている不思議さ。母はどんな子どもだったのだろう。

だれかが見ていてくれた

子どものころは父の暴力も大変でしたが、母の境界線のなさと相手への無関心ぶりも、私の他者とのコミュニケーションのとり方に、優しさやおおらかさの貧弱さに、やはり影響が大きかった。父は酒もタバコも一切止めていますがバタラー(ＤＶ加害者)です、今も。私は酒もタバコもやりますが(こんな楽しいこと止められるわけがない)、バタラーか？　と聞かれると「回復中」くらいは言ってもいいかなと思います。

現在は、運良く常勤の職を得るところまでたどり着きました。今、ＪＵＳＴでは「ボランティア」としてグループの運営（カギ開け閉め当番）をさせてもらってます。仕事が終わってから週に一、二回くらいでしょうか。主に「バタラーズ・グループ」には毎週かかわっています。グループのパートナーと、会場に足を運んでくれる皆と一緒に。

今、不思議に思うことは、なぜ私は死ななかったのかということではなく、「なんで生きていられたのだろう」ということです。治療につながり、ＪＵＳＴにつながったことやその後の偶然の重なりはとても大きいものでした。しかし、それより小さなころや思春期のころにだれかが私を見ていてくれたように思います。私の状況を知っていてくれた人がいたように思います。私はその人たちを大切にすべきだった。これからは、自分の生活と仕事とともに、その人たちを大切にしたいと思います。

トラウマを生き延びて

父による性的虐待・母によるいじめ

英人

つらいつらい、吐き気がする、気持ちが悪い、もうつぶれそうだ。正月三が日の終わりの日。もう一日で仕事始め、そんなときに突然気分が悪くなる。でもなぜつらいんだろう？　休みの間にたまった仕事が雪崩《なだれ》のように降りかかってくるから？　それとも時給千円（！）の派遣社員の身分だから？　安い給料でこき使われるわりに、仕事に発展性がないから？

たしかに、いま就いている仕事自体に限界を感じてきているのは事実だ。内容はきつくなる一方なのに、ビタ一文も給料は上がらない。かといって、一からやり直すには年齢的に限界があるし……。いや違う。それだったらよくある悩みだろう。じゃなぜこんなに過剰にも反応するのだろうか？　つらつら考えながら、あることに気づいた。そうか、つらいのは普通でない自分が、普通に仕事をすることそのものなんだ。

そう、自分はある意味普通ではない。サラリーマンの父に専業主婦の母という、形としてはごく普通の家族に生まれ、そして育ったのだが。

自分は、三歳から五、六歳にかけて父親の性的行為の対象にされた。夜になると布団の中で、父親から衣服を脱がされ、全身を触られた。もちろんそれに対して抵抗はしたのだけれど、父親がそのことをやめてくれる気配はなかった。しまいには、ジッと身を硬くしてことが終わるのを我慢するようにした。そして心の中は何も感じていないふりをするようにしていた。だから、というか、でも、というか、そのときの行為が具体的にどのようなものだったか、その記憶自体はいまだにはっきりしない。ただ、圧し掛かってくる感覚や、何かが入り込んでくる感覚だけが、体の記憶として、生々しく残っているだけだ。そのころ自分は、親から買ってもらったリカちゃん人形の衣服を脱がして弄《いじく》り回す遊びに耽《ふけ》っていた（なぜ、親が自分にそんなものを買い与えたかは分からない。仮にも男の子である自分に、そんなものを買うこと自体どうかしていると思うんだが……やはり異常な環境の中では、どんなおかしなことも些細《ささい》なこととして通ってしまうということなのだろう)。

父親の性的虐待を受けていたころ、自分が一番つらかったのは、母親からの「虐《いじ》め」だった(情緒的な虐待ともいうかもしれないが、自分的には一番これがピッタリくる)。茶碗《ちゃわん》の持ち方から早口、多動癖のたぐいにいたるまで(感情が高ぶると、我を忘れて踊りだす子どもだった)、自分の一挙手一投足が彼女の非難攻撃の対象になった。だから自分は、些細なことで母親の罵詈雑言《ばりぞうごん》の嵐からとてつもない重罪人にされ、それに対して対抗することも、〝ああまた何かくだらないこと言ってるわ〟とやり過ごすこともできなかった。

むしろ感じていたのは、いつも〝ごめんなさい、許してください〟という負い目と〝またオレが悪いのか……〟という恨みの感情だった。いま気づいたことなのだが、これは小学校のときに親しい(と思っていた)友人から受けたいじめから、社会人になって二度目の会社での研修時のいじめにいたるまで、後年自分が受けてきたいじめのパターンとまったく同じだ。些細なことからいんねんをつけられ、それに対して反論することも抵抗することもできず、それゆえに相手に軽く見られ、からかわれ、罵声を浴びせられ、そしてしまいに身体的・情緒的暴力はエスカレートする……母親にされたことがそのまま後に繰り返されていたことに驚く前に、我ながらあきれてしまう。

彼女は二言目には、「あんたのせいであたしが笑われるんだからね」、または「家族だからこれだけ言ってあげられるのよ」、このセリフを付けてきていた。ホントに家族だから何を言っても許されるのか？ 真の被害者はあんたじゃなくて、この自分かもしれないのに！ その言葉があまりに空々しく自分には聞こえた。一度だけ言ってみたことがある。「母さんはボクが憎いの？」。一瞬彼女の顔がひどく動揺したのを覚えている。もっともその後は、体よく言い訳されたんだろうと思うが……。母親が、自分と父親とのことを知っていたかは分からないし、知るすべもない。ただ、母親の言葉には自分への言いようのない憎しみ、憎悪がこもっていたのを、自分はひしひしと感じていた。よくも私の男を寝取ったわね……。これが彼女がホントに言いたかったことかもしれない。

二つの人格

こうして育てられた結果、かどうかは分からないが――いまから書く話はある意味自分でも意識できない部分の話なので、説明するのが難しいのだけど――自分には常に二つの人格が存在していた。ひどく大人しい、いるのかいないのか分からないような自分と、恐ろしく凶暴で傍若無人な自分と。

だれが自分をそうさせたかは分からない。そして、傍若無人なときの自分の記憶の大半が自分にはない。実は子どものころ、しょっちゅう親におもちゃのおねだりをして困らせていたらしいが――これは後から母親から聞かされたことなのだが、その話を聞かされたとき、刃物で体を引き裂かれたような何ともいえない恥ずかしさで、いたたまれなくなったのを覚えている――そのときの記憶もない。

小学校に上がりたてのころがそうだったのだが、初めて見るクラスメートといわれる人たちに対して、すぐに心を許すことができなかったから、人と打ち解けることができず、したがってなかなか友人ができず、そのことに悩んでいた。それでいて小学校に上がったころは女子に対してスカートめくりをしてクラス中の大騒ぎになり（もちろん自分がそうしていたときの記憶もいまだに思い出せない）、それからクラス替えがあった後もまた、クラスメートと些細なことで年中けんかしていた（その相手は女子だった。自分は彼女にいじめられていた、と思っていたのだが、相手も自分にいじめられたと主張していたようだから、向こうも何か問題のある人間だったのかもしれない）。

学校の成績はどちらかというといい方だったのに、生活態度はひどく荒れていて、忘れ物のたぐいも多かったから、教師から見たら、とてつもなく扱いにくい子どもだったと思う。いずれにせよ、危険な家の中で育ったものは、外の世界でも安住の地を得ることができない。

小学四年のときに、事情は暗転した。父親が心臓発作で倒れ、その手術を受けることになったからだ。しかし、それに対して自分は詳しい事情を聞かされることは一切なかった。それどころか「見るな・聞くな・感じるな」のルールに支配され、いつもと同じとおりに振る舞うことを強要された。もちろん暗黙裡《り》に。しかし手術とその後の長い療養にもかかわらず、父親はあっけなく死んだ。

父親の葬式のとき、どうしても自分は泣くことができなかった。悲しいという感情すらわかなかった。周囲の人間は、若くして亡くなった彼の死を悼んでいたが、自分ひとりだけが平然としていた。心のどこかでホッとしていたのかもしれない。そして、このことで長く自分は罪悪感で苦しむことになった（そのせいか、後になって、自分は父親の葬儀の光景をはっきり思い出すことができなかった。思い出せたのは、二十年以上経ってからである）。

父親の死後も、家の中の混乱は収まらなかった。母親はすっかり憔悴《しょうすい》しきってしまい、毎日を泣いて暮らすようになった。そんな母親を自分は見るのが不安なあまり、彼女のそばに寄り添い、ときには叱咤《しった》激励したりしていた。いまにして思えば、必要以上に母親に近づき過ぎたのかもしれない。ある日、自分が起こした些細なことをきっかけにして、母親は自分をメタメタに殴りつけた。それ以降、自分は母親の情緒的なサンドバッグになってしまった。ホントにわけの分からないことで、ほんの些細なことで殴られた。極めつけは、中学受験に落ちたときの連日連夜の言葉の暴力だった。

「〇〇君（当時の友人の名前）が受かったのにあんたはなぜ！」

「あんたみたいに勉強していない人が、受験なんて受かるわけないわよね！」

「公立中学なんて、絶対行かせてあげませんからね！」

こんな言葉の暴力を振るわれた。それにしても、聞かされる側がこんな言葉を受けたらどんな思いをするかなんて、まったく考えられないほど、幼児的・自己中心的な人なのだ、この人は（実際、このときのショックで自分は体中湿疹《しっしん》だらけになった）。やり切れなさと申し訳なさを、自分は過食でやり過ごした。気がついたら、体重は十キロも増えた。〝自分は醜い〟。それ以来、その思いに囚《とら》われ、写真に写るのも恐れるようになった……。

生々しく残る傷を抱えて

こんな子ども時代を過ごした自分が、アダルトチルドレンであることを自覚してから、今年で十年目になる。過ぎてしまえばあっという間の十年近い年月だった。いわゆるＡＣ本と呼ばれる本を読んでから、つてをたどってさまざまな自助グループにつながり（そこにいたるまで二年以上の年月がかかったのだが）、そこで初めて仲間といえる人に出会い、いろいろなことを教えてもらい、彼らの紹介で、カウンセリングにつながり、そして失われた何かを取り戻すように、仲間と一緒にカラオケに行ったり、盛り場をぶらついたり、夜桜見物を楽しんだりした。

しかしその後の経過は、お世辞にも順調とはいえなかった。実家を飛び出し、約二年間、逃げるような形で一人で暮らすことを余儀なくされたり、あるいはどうしても仕事が続かなくなって、職を転々としたり、にっちもさっちもいかなくなって、半年間引き込もったり……。

いまでも形の上では、〝普通に〟暮らしてはいるが、その実、心の中では戦場に向かう兵士のように、いつもビクビクオドオドしているというのが実情だ。またあのときのようなことが蘇《よみがえ》ってくるのではないか――自分を罵《ののし》り、一から十まで否定する母親のように、怒鳴られ追い詰められるかもしれない。父親に服を脱がされ、全身を触られるように、他人が自分の中に侵入してくるかもしれない――もし、自分は世界とつながっていて、それに脅かされることはないという信念をもっているのが普通の人だとすれば、自分はそういう意味では普通ではない。自分は世界とつながっておらず、またいつか魔物のように、自分を襲い脅かしてくるのが世界なのだから。

その意味でまだ、幼いときに受けた心の傷はいまだに癒《いや》されることがなく、自分の中に生々しく生き残っている。いつになれば、この心の中の傷が癒されるのだろうか……。

そういえば、ひょんなことから読んだ星占いの本の中で、「努力してきた人も、そうでない人にも、今年はその人自身にとっての総決算の年になる」という意味のことが、書かれていた。この文章を読んだときとっさに、この十年近い年月のことが思い出された。それが、これを書く直接のきっかけになった。自分はいままでどうして生きてきたのか、というか、どうやって生きてきたから、いまの自分があるのだろうか、そして自分はこれからどうやって生きていけばいいのだろうか……。

いまだに自分の中の不安や恐怖と戦い続けながらの毎日ではあるけれども、これを書くことが、自分自身に対する癒しになり、そして星占いの言葉どおり、自分自身のこれまでの人生の総括になれば、と思う。

両親の殴り合い
気配を消して見た

柳下明子

死ぬのが怖い

私は、若いころ太平洋を渡って一九六〇年代のアメリカの青春を謳歌《おうか》したであろう母と、日本人でありながら二、三歳から十八歳までの間エスカレーター式で横浜のミッションスクールに通った父のもとに生まれた。

「本当にアッコは、ぼけっとしている。なにしてあげても、喜ぶ顔を見せない子なのよね」と母から言われていた。近所の人たちからも大体において、「おとなしいねー、アッコちゃんは。うちの子なんかうるさくてしょうがないのよ、羨《うらや》ましいわー」

とか、「本当にいつ見ても、お人形さんみたいねー。かわいい洋服ねー、やっぱり、外国のは違うわねー」という響きだけが今でも残っている。そのころの私は、亡霊のように生きていた。まるで、色のないネガフィルムのような世界に生きていた気がする。

幼稚園でトイレに行った記憶がほとんどない。幼稚園のどこにトイレがあるのか、まずわからない。和式トイレの使い方もわからない。そして、トイレの臭《にお》いに耐えられない。毎日おもらしなので、幼稚園のパンツを借りてそれをはいて帰る。

父がこう言ったのを聞いていた。「コイツはショウネが入ってないからションベンばかりちびるんだろう」。母が「ちびるなんてもんじゃないわよ、全部びしょびしょにしてるのよ！」。父が「よし、カツ?を入れてやる」といって、四歳か五歳の私の背中に、膝《ひざ》で、蹴り？（カツ？）を入れたかいもなく、私は、幼稚園のパンツは借りていた。

お弁当の時間には、ひどい嘔吐《おうと》感をもよおしていて、ウッ、と込み上げてくる砂利のようなおにぎりを涙の味と一緒に反芻《はんすう》しながら、食べた。極端に甘い卵焼きだけは味がした。幼稚園から帰る送迎バスに乗る前に、いきなり男の子からほっぺたをビンタされたりすることもあった。

ただ何もせずにいるだけなのに、何で叩かれるのかさっぱりわからないし、何も言えない子だった、そんな幼稚園時代であった。はっきりと覚えているのは、寝る前に訪れる消えてしまいそうな、身体が溶けていくような、気持ちのわる〜い変な〝感覚〟。

毎晩のように訪れていたその〝感覚〟には、音も色もついていたので、今でもはっきりと説明できる。夜、ベッドに入って目をつぶると、決まってピンクとネイビーブルーの光沢感のある縦縞《たてじま》の画像が出てくる。縦縞といっても〇・〇〇一ミリ幅ぐらいの細かさで、視界（目は閉じているが）いっぱいにそれがあり、銀色のいがぐりのようなフラッシュがどこからともなく、チカッ、チカッと光りだすので、頭がまぶしくなり、おでこのあたりが、窮屈な感じに痛くなるので、暗闇のなか、目を開けて、眠らないようにしようと試みたりしていた。

私は、生まれたときから一人で一つの部屋に眠るように設定されていたらしい。やっと、言葉が喋《しゃべ》れるようになり、「何か怖いから、寝られない」とか、「頭が痛くて寝られない」という感じの内容を言った。「何が怖いの？」と母に聞かれ、「死ぬのが怖い、アッコ死ぬかも」と言った記憶はある。

するると、母が父に「ちょっと、Kさん、この子、死ぬことなんか今から怖がってるなんて、おかしいわ」と言っていたように思う。母が「心配しないで、ねんねしなさい、死ぬことなんかないよ」とおでこを優しく撫《な》でて子守歌を歌ってくれる。そうして、眠りに落ちていくその感覚がまた、気持ち悪くてしょうがない。身体がぶかぶかで、髪の毛一本分ぐらいの自分になってしまう。

音も付いていた。重低音のボーッワ、ボーッワという音から始まり、なぜかその音が金属の筒の中にいるような、サーッという気持ち悪い音に変わっていき、身体がゴム人間になっていく感じで、溶けてしまうか、へにょへにょになっていく、母の声や、子守歌の歌詞は、そばで聞こえているのに、同時にもっとそばで、金属音が頭を打ちのめすように鳴ってくる、ものすごい高音域になるころには、身体は、針金になってしまう。この感覚を説明しようとしていたはずだが、母たちには通じていなかったと思う。今、初めて文章化できたようだ。

「変なアッコちゃん」できあがり

ある夏の日、おそらく父も母も私も昼寝をして眠りこけていた。日が暮れるか暮れないかというころ、「ピンポ～ン」という呼び鈴が鳴った。相変わらず、居留守を使ううちの家……と思いきや、呼び鈴はうるさく鳴り続け、「アッコちゃーん」と子どもの声がする。母が慌てて階段を下りて玄関へいってなにやら子どもと応対した。その後、「アッコ！　アッコ！　早く起きてきなさい！　みんな待ってくれてるから、早く裏の仲良し広場に行きなさい！」。

状況把握のできないままに、寝ぼけ眼で、母が速攻で作った例の物をアルミホイルに包んで持たされ広場に行った。

そこには、地区の子どもたちや母親たちに、父親まで数人いて、皆で茣蓙《ござ》を広げて弁当を食べようかという光景が広がっていた。何が催されているのか、なぜここに私が来なければならないのか呆然《ぼうぜん》と立ちすくむ。楽しそうにはしゃいでいる同い年のTちゃんの顔を見つける。私の方をちらっと見た。「Tちゃん……」と呼んでも聞こえなかったのか、無視された。

広場に背を向けてうちに帰ろうとすると、Tちゃんのお母さんが駆け寄ってきて、「アッコちゃん、おいで」と私の肩を両手で持ってTちゃんの座っている茣蓙の方へ連れて行き、一緒に座って食べるようにと促す。

Tちゃんちの他にTちゃんちと親しい近所のうちの茣蓙がたくさん敷いてあって、茣蓙の数だけ家族が集まっているのだ。成り行きのまま、アルミホイルに包んであるサンドイッチを取り出す。おなかなどすいてもいないのに……。

だれかが「あー！　サンドイッチだ。何のサンドイッチ？」と聞くので、ボーッとしたままの私は母の発音通り「ピーナツバター　アンド　ジェリー……」と言ってしまったからさぁ大変。「えっ？」と聞き返され、ハッと我に返り「ピーナツバターとジェリイ」ときちんと言えたはずが大間違いだった。

「えーっ！　何？　パンにゼリーが入ってんのー？」。ばつの悪いことに、町内会で決まって出されている一見すると飴《あめ》のように見える透明のセロファンで包まれている（ゼリー）と書いてある常温で食べれる変なお菓子がそばに置かれていた。

男の子の一人が、色とりどりの透明の直方体の「ゼリー」の一つを取り出すとそれを空に向け皆が見えるぐらいの高さに持ち、「おえっー、気持ちわる〜い、アッコちゃんのサンドイッチの中に、これが入ってんのー？」と言われ、私はまたもや、やな予感を感じながらも、とにかく一生懸命に説明しようと試みる。

「違うよ、そのお菓子のゼリーじゃなくて、うんとね、パンにぬるジャムだよ、ジ

★帰属のエラー……他の人の行動の原因を過度に自分の内的要因に帰属してしまうこと。ACに見られる自己肯定感の低さにさいなまれて生きてきた人は、対人関係において、「どうせまた自分はいじめられるだろう、どうせ非難されるだろう」などと常に未来にマイナスイメージをつくりあげやすい。

ャム、いちごジャム」とジャムという共通の言語を何回も繰り返す。そう言っている間にも頭の中では、本当は母がいつもぬっているジャムはいちごジャムではない、濃い色の〝Grapes Jelly〟と瓶に書いてあるものだとばれたらどうしようかとびくびくしている。

ご近所連合内では、不気味で変人、持ってくるべき物を持ってこず、持ってきてはいけない物を持ってくる無法者の私なのだ。幼稚園では、いつもおにぎりを残してばかりいる私が、とびきり甘いこのサンドイッチなら残さず食べるとわかって以来、母がわざわざアメリカ製のピーナツバターとぶどうジャムを輸入食品屋まで調達しにいっていたのかもしれない。

いやな予感は進行する。帰属のエラー★というものか。「げーっ、ジャムとピーナツバターを混ぜてんのぉ？　気持ちわる〜い、よくそんなの食べれるね」と言われる。「違うよ混ぜてるんじゃないよ、一枚にはジャムをぬってもう一枚にはピーナツバターをぬって、それで合わせるの。おいしいんだよ、食べてみる？」。そうやって何人かの子どもにちぎって渡してみた。食べた子の一人が「うっえ〜、なんだこの味、気持ちわりぃ、変な味がする〜……」と言った日にはもう遅い。

はいっ、お待ちどう様、またまた変なアッコちゃんのできあがり、である。しかも、この日に母が慌てて持たせた飲み物は、ドレッシングを作るためのタッパーウェアにオレンジジュースというお墨付き。「いけないいんだー、水筒に入れてこないといけないんだよー」という声に、いちいち「ごめんね、今うちに水筒なかったんだ」と謝る。そして、「何それ、もしかして、ジュースじゃないの?」。ここまでくれば、もうエンディングの前奏が聞こえてくる。「わ~るいな、わ~るいな、ジュースなんか飲んでー、わ~るいな、わ~るいな、ア~ッコちゃんはわ~るいな」。飲むに飲まれぬ状態で、「まだ、飲んでないよ」と言う。喉《のど》からからのまま、気が付くと大人たちが、花火の準備をし始めている。

ここで初めて、今日は花火をする目的で人々が集まってこんな夕方に茣蓙を広げて弁当を食べていたのだな、と状況把握する、そんな幼少期であった。言葉も足りない、方向と時間と季節の感覚もあやふやな子どもだった。

荒れ果てていた父と母

学童期には、家族内構成員に変化があった。私が七歳の秋に妹が生まれる。そして、たしか小六の夏、私が十一歳のときに父が家を去って行くので、3＋1－1＝3で、数は変わらずメンバー交代となった。こうして書きながら想うのは、家族とは、常に変化し続け、同じ屋根の下に長期間一緒に暮らすにはかなりの危険性と無理を伴うものだということだ。少なくともうちの場合しょっちゅう怒鳴り声がしていたし、父母の激しい口論の行く末に包丁やフライパンが小道具として登場したりと危なっかしい家族であった。

私は二階の自分のベッドから起きてきて、気配を消して階段の上から三段目に息を殺して座っている。小学校一年生の私にとって、この階段の場所は夜の定位置になっていた。危機介入一人部隊として備えているのだ。父が、ダイニングに座っていて、母が台所の方で皿を洗い終わり、再び母がテーブルに着いたときに交わす二人の会話の様子からその日の危険度数を割り出しているのだ。容赦なく展開されていく夜の議論大会に耳をそばだてている一年生は、ボケッとしていると言われる筋合いがない程に緊張感の高い時を過ごしていた。

二人の会話に英語が入り始め、父がSlangy（俗語っぽい）な英語で怒鳴り始めれば、危険信号だ。階段の下にお風呂場とトイレがあるので、どちらかが席を立ってトイレに行く気配を感じれば、急いでベッドに戻りドキドキしていた。どちらか一人がお風呂に入る準備をしてくれれば、やっと寝ようかという気持ちになれる。その日は、母が先にお風呂に入るようだったので、私もベッドに戻った。

しばらくして母の大きな泣き声で、慌てて飛び起きて行くと大きなお腹《なか》（妊娠八か月）で、風呂上がりの素っ裸で身体もびしょびしょの母が、「アッコ、アッコ、助けて、ほんとにひどいわ、あんたのお父さん、風呂の上がりしなに、お母さんのこと蹴りにきたんよ」と泣きながら、バスマットの上に倒れている。「やめてよ、お願いだからもうやめてよぉ〜」。お腹の大きい身長百六十七センチの母を一年生の私が必死に起こし、「早く服着てよぉ〜」と母をかばう。父が「お母さんが悪いんだよ、アッコ」と言う。

その後もいつもと同じ怒鳴り合いがあり、台所で大きな大人二人がとっくみ合い、母がつきとばされた。「やめてよ、やめてよ、お腹の赤ちゃんが死んじゃうよぉ」と泣きながら母のお腹の前に立ちはだかったのだが、父に首根っこつかまれて、つきとばされ、「いいから、アッコはどきなさい、もう何もないから心配しないで早く寝なさい」と言われて心配する権利も与えられなければ、口出しも許されない。

無力で何もできない私ができたことは、ただただ、目には見えない何かに話しかけ、祈るだけだった。祈っていたという自覚はないが、月の光に照らされている枕元《まくら》に貼《は》ってあるバンビのポスターを見ながら、毎日決まって、お願いをしていた。

「森の神様、木の神様、土の神様、花の神様……そして、バンビの神様」という具合にポスターの中のすべての神様を呼んでから、「どうか、お母さんとお父さんが喧嘩しませんように……」ということを、いったいいつから言い始めたか記憶にない。今日は、お父さんとお母さんが喧嘩しませんように」と毎晩お願いしてみるのだ。

神様の名称をたくさん呼称する割には、祈り（願い）はいつもただ一つ、「どうか、

お願いが聞き届けられないと、神様の数が足りていないからだ、と思っていたので、そうだ、星の神様と海の神様が抜けていたからだ、などとありとあらゆる神様に呼びかけるのでとにかく時間を要していた。

妹は、本当に可愛《かわい》い赤ちゃんだった。そして、母に言わせれば手のかからない子で、よく笑い、表情豊かな、私とは違うタイプ。妹はわが家のアイドルになって、母の愛玩の対象になった。母が、「ギブ　ミー　ア　キッス！」って言ったらチュウするようにしつけたので、うちでは、妹にチュウして欲しいときに「ギブ　ミー　ア

キッス!」の声が飛び交った。

しかしながら妹の存在も私の祈りも、父母の激しい喧嘩を止めることはできず終《じま》いだった。後から母に聞けば、「もう一人産んでしまえば、あのじじい(父)も少しはましになるかと思ったんだけど、かえって逆効果だったわ」と話していた。

私は相変わらず、階段の定位置で気配を消して、口論や殴り合いを見ていた。このころから、靴下をはいて寝るようになった。靴下のゴム回りと足の間に十円玉をはさんでおいて、何かあったら二階の外の階段から道路に出て、アスファルトの道を走って酒屋の前の電話から一一〇番しようと心づもりしていた。

ベビーベッドで寝ている階下の妹のことが重ねて心配になったぶん、前よりも気苦労が増えた。包丁がでてきて、妹に危害が及んだらどうしようか、と不安であった。

父は、よく、府中の家から横浜の祖母のもとへ「実家に帰らせていただきます」という状態で夜中にタクシーを飛ばして帰っていった。当然のごとく祖母は、三人息子の末である可愛い父を諭しては、年上女房の母に、何かと情状酌量の余地を認めさせていた。

父母は、別居という形態をはさみつつ、離婚が決まるまでの間、もたついていた。

とにかく、荒れ果てていた。今考えても、あの嵐のような夫婦喧嘩をよくも十三年間も続けてくれましたね、と言いたい。そこから生まれた一人の人間がまた、同じ過ちを繰り返し、疲れ果ててしまいましたので……。副産物には、宝物が埋もれていると気づいたことが、ある意味素晴らしいことではありますが……。

自分と母の感情を混ぜない術

私も離婚して母子世帯として暮らしている。今春、長女が中学生になり、いやはや時の流れにますますついていけてない自分がいる。しかし、こんな流れ方でＯＫ。

先日、娘が、「お母さん、中学って小学校と全然違うよ」という一言から始まって、「へぇー、どんな風に違うの？」という会話から、夜中の一時まで娘と二人でお互いの中学の話で盛り上がってしまった。

ここで、私が感謝したいことは、一言で言えば、私たちには、仲間がいるということだ。そして、間違いが起こる前に助けを求める手段と、力をもらえたこと。間違いを犯しても、受け入れてくれる仲間がいるということ。

たとえ私が、母として失格点を付けられたとしても、娘は文句なしの合格点を取っていることだ。学校の成績の話ではない。一人の個として、一つの魂として、きちんと存在している、ということだ。

母が、こんなセリフを言っていた記憶がある。「とにかく、お母さんはね、オールオアナッシングの人なのよ、うちの家族は、みんなそのタイプ、白なら白、黒なら黒とはっきりさせるのが好きなのよ、中途半端なことしてると、ろくでもない人間になるでー、何かするんやったら、とことん努力せな使い物になれへん」……〈努力〉……どこへ行こうが、何をしようが、よく耳にする言葉だ。あまりに抽象的でわかりにくい「努力」を私なりにしてきたよ、と今はそう言いたい。そして二元論に支配されず境目を生きる勇気をもった。

母のために祈る生活は過去の産物になり、私は、自分の感情を母の感情と混ぜない生き方を選ぶ術を学んだ。このメッセージが感謝として母に伝われば、こんなに嬉《うれ》しいことはない。

自分で切り開き一歩進もう

秋海月《あきくらげ》

群れに埋もれて身を潜めた

本来、私は群れに所属するのがあまり好きではない。それは群れの中にいることが危険なのだという感覚が身体に染み付いているからだ。

私が生まれて最初に所属した群れ＝「家庭」は私にとって安全なところではなかった。親から虐待を受け、常に緊張を強いられ、自分の身と心を守ることを考えねばならなかった。小さな私は、最初の群れ＝「家庭」を出たらきっと安全な場所に行けると夢を描いた。そのことを希望に生きていた。けれど外の世界＝「地域社会」も安全ではなかった。親のひどい所業を訴えれば、それはしつけなのだと言われ、親は正しいのだと言われ、おまえが悪い子だからだと言われ、親の悪口を言う子は悪い子だと言われ、子どもは親の保護下にいればいいのだと言われた。「女房子どもを生かすも殺すも俺《おれ》の勝手だ」と言いきる父親が正しいとされ、家庭のなかに押し込め家庭がおまえのいるべき場所なのだと堅く信じている社会は、私がそこから脱出するのを阻止するのだった。私に安全な群れなどなかった。一人でいるほうがはるかに安全だった。私は自らを守るために自分で重たい鎧《よろい》を着込んで生きていかねばならなかった。

そもそも動物が群れの中で暮らすのは、集団が生きることに都合がいいからだろう。

群れの中にいれば命の危険を軽減できるし、食料を得るにも集団のほうが都合がいい。その代わり、個体は群れの掟《おきて》を守り、群れの秩序を維持し、群れの存続のために協力をする。もしも私にとって群れの中にいることが安全であったのなら、群れの掟を守ることもやぶさかではないと考えるだろう。

けれど、自分の身を守るのは自分しかいず、しかもその危険に身を置くことを群れによって強制されてしまうのなら、どうして群れの掟を守らなくてはいけないのだろうか。どうして群れの秩序を守らなくてはいけないのだろうか。

私にとって群れとは、危険でありできるだけ避けたい類《たぐい》のものだった。

私は鎧を着込みながら、息を潜め、周りの様子をうかがい、「普通」を装い、群れの中に埋没するよう身を潜めた。それしか生きる術が見つからなかった。

同じ境遇の人たちとの出会い

それまでの経験上、当時私の周囲の人間は四タイプに分けられた。

第一のタイプは、虐待ということなどまったく信じられず真っ向から否定する人々。

第二のタイプは、虐待を事実と受け入れても自分と関係ないと思う人々。「そう、大変ねぇ」で終わってしまう人々だ。

第三のタイプは、同情するタイプ。助けようとするけれど最後まで付き合いきれないとなると投げ出すタイプ。

第四のタイプは、同じ虐待の傷を持ち、哀しみを共有できるタイプだ。

とりあえず一、二、三には近づかず、表向きの付き合いでかわしていた。四のタイプの人にはごくたまに出会うことがあったが、お互いあまり多くを語ることはなかった。けっこう身を粉にして家族のためにがまんしている人が多く、私のように親が悪いと言い切る人はいなかった。

私は周囲、群れ、社会に対して何の期待も持っていなかった。そんな私が最初に自助グループという言葉を聞いたのは、カウンセラーさんからだった。

当時私はある場所で一対一のカウンセリングを受けていた。差しで向かい合うならまだ安全だったし、自分で自分の身を守れるだろうと思っていたし、父親の激しい暴力を受けてきた身としては相手は女性だったからやっぱり安全と思えた。けっこうその状況が自分にとって最適と思っていたし、落ち着ける場所でもあった。で、そのカウンセラーさんが自助グループなるものの存在を教えてくれて、参加してはどうか、と提案してくれたのだが……。

正直、そのとき自助グループという言葉に対し反射的に身体が拒否した。なぜ今さら群れなくてはならないのだろう。群れに所属するなんて、なぜわざわざそんな危険な真似《まね》をしなくてはならないのだろう、そう思った。その群れに所属することがなにか私の役に立つのだろうか、と半信半疑で自助グループっていうのを調べてみた。

そこには私と同じ小さな頃から親に虐待を受けてきた人が集まっているのだという。つまりタイプ四の人々の集まりなのだ。ごくたまにしか出会うことのなかったタイプ四の人たち。そういう人たちが、たくさんたくさんいっぱいいっぱいいるのだ。そしてそこでは、「言いっぱなし、聞きっぱなし」というルールがあるのだという。今まで非難されて口にできなかった言葉を言っていいのだ。それが嘘《うそ》だと罵《ののし》られなくていいのだ。おまえが悪いからだろう、と責められなくてもいいのだ。心の内を喋《しゃべ》ってもいいのだ。そういう群れなのだ。

なんという夢のような世界！

そして、もしかしてもしかしたら、私とまったく同じ境遇の人間に出会えるかもしれない、同じ感覚の人間に出会えるかもしれない、同じ考え方の人間に出会えるかもしれない。その人なら、私の今までつらかったことを「そうそう、そうなのよ。わかるわー」と言ってくれるかもしれない。そしたら、どうしたら自分が救われるのか、今のこの闇のような世界から抜け出せるのか、私が回復するってどういうことなのか、道を教え指し示してくれるかもしれない。もしかしてもしかしたら……。

なんだか大きな大きなアドバルーンのような希望が湧《わ》いてきてしまったのだった。

私はすごーく期待してしまった。

そういうわけで、私はアドバルーンのような希望を持って自助グループに参加した。

自分と同じ境遇の人がいるというのは本当にうれしいことだった。私は話した。とことん話しまくった。今まで押し込まれていた反動が出たのか、いっぱいいっぱい話した。

「王様の耳はロバの耳！」

言いたくて言いたくて、でも受け止めてもらえなかった言葉を私は吐き出すことができた。自助グループは私の地面に掘った穴だった。そこでは、私の受けた数々の虐待が「そんなことあるはずがない」などと否定されず、ちゃんと事実起こったことだと受け止められたのだ。それまでの人生で初めての感動的な出来事だった。事実を叫んで受け入れられた。それはもう何とも言えない気持ちだった。心が解放されたのだ。他の人たちの話を聞いても、私が肯《うなず》けることがたくさんあった。そうそう、私もそうだったわ。そうそう、すっごく哀しかったのよね。すっごくつらかったのよね。死んでしまおうかとも思ったのよね。そうよ、そうだったの。

いっぱいいっぱい共感した。

特にうれしかったのは、自分が人間ではなく、ただの肉の塊になるあの瞬間の感覚を共有できたことだった。この感覚はまず味わった人でないとわからないと思う。どんなに言葉で言い尽くしても表現できない、言い尽くせないあの感覚。ただ話を聞いただけでは理解できないだろうあの感覚。人格も何もかも奪われ、何もできず、ただ暴力にさらされ、ただの肉の塊、サンドバッグになった自分。深い深い海の底、世界で一番深い海溝の底の底、光さえ届かない海底の真っ暗な闇の中で埋もれ、白骨化した屍《しかばね》のような存在。それが自分。どうしようもない絶望感。日々の生活の中で共有できる人になぞとうていお目にかかれなかった、足元の地面さえ見えなくなるような孤独感。それを共有できる人に出会えたことがなによりもうれしかった。

共感できること・できないこと

吐き出して、共感してもらって、満足して……けれどそのうちに私の中に、ある違和感が生まれてきたのに気づいた。いっぱい話して、いっぱい話を聞いて、けれど、共感できることと共感できないことがどうしても生まれてきてしまうのだ。

★ハネムーン期……DVには、３つのサイクルがあるという。暴力の前兆としてのトゲトゲしい雰囲気が感じられる時期（緊張期）の次には、怒りのコントロールが効かず、猛烈な暴力(爆発期)が続いた後、被害者に対する謝罪や愛情の表出が見られる時期（ハネムーン期）が訪れる。

たとえば、アルコール依存症の親を持った人は時々こう言う。

「お酒さえ飲んでなきゃいい人なのよね」

聞けば、飲んでないときは気の弱い優しい人だったりするんだそうだ。私の親はアルコールに関係なく暴れる。ある時突然暴れ出す。いい人なんて思ったことがない。

「お酒さえ飲まなきゃいい人なのよね」と言われてしまうと私には返す言葉がなくなる。

そうすると私は突然孤独になる。

たとえば、アルコールに関係なく暴れるＤＶの夫を持つ人はこう言う。

「嵐のような暴力が過ぎると、すごく優しくなる」

いわゆるＤＶのハネムーン期★のことだ。私の親もそうだが、私はそれを優しいと思ったことがない。

私の家でも嵐が吹き荒れ、家を逆さまにひっくり返したような状況になる。その後父は高いびきをかいて寝てしまう。明朝、何もなかったように明るく笑って、自分の割ったガラスにテープを貼《は》り、自分が壊した家電製品を修理するか廃棄し、そしてサンドバッグのように殴った母にべったりひっつき甘い声を出す。そんな時、母はホッと安心するようだが、私はその時が一番嫌いだった。背筋がゾッとして悪寒が走る。暴力を受けているときよりも、むしろそのハネムーン期間のほうが私は嫌悪感でいっぱいになる。まるで次の暴行の時まで獲物を逃がさないようにクモの糸を張り、獲物に気づかれないようにがんじがらめにするその様は、吐き気がするほど嫌だった。それを優しいと表現されてしまうと、私には絶句するしかなかった。

私はまたそこで孤独になった。

「しゃーない、自分でやるか！」

日本中のどこかを探せば、きっと私と同じ境遇の人がいる。私と同じ感性の人がいる。私と同じ考え方の人がいる。そう希望を持っていたときのほうがまだ孤独ではなかった。

大勢のタイプ四の人たち。けれどその中にも私と同じ人はいなかったのだ。その後もいろいろな人と自助グループで知り合ったけれど、やっぱり捜し求める人はいなかった。

そこで私は考えた。結局、どこをどう探しても私とまったく同じ人はいないんじゃゃないだろうか。そりゃ、部分部分で多少同じ人はいる。似たような人もいる。けれど、同じ境遇、同じ感覚、同じ意見。そんな人間はいないんじゃないだろうか。そうなると私と同じ回復方法の、この先行く道を指し示してくれる先人もいないのではないか。私にこの暗闇から抜け出る回復方法を教えてくれる人なんぞいないのではないか。私はこの世界でたった一人のエイリアンではないか。

けれど、それは裏を返せばこの世に私という存在は唯一無二の人間で、私が潜《くぐ》り抜けてきた苦難は私だけのもので、私の回復方法も唯一無二のもので、それは西部開拓の時代のようにこれから見つけて開拓していかなくてはならないものではないか。

私は覚悟を決めた。

しゃーない、自分でやるか！

小さい頃、お腹がすいて向かった台所。でも家に誰もいなくて、仕方がないので自分でおにぎりを作った。見よう見まねで初めておにぎりを作った。うまく握れなくて、手がごはん粒だらけになって、おにぎりより自分の手についた米粒のほうが多かった。失敗したけど楽しかった。淋《さび》しかったけど楽しかった。ちょうどあの時のように。

わかった、自分でやる！

私は原点に戻った。

私の中に、数え切れないほどの傷がある。浅い傷、深い傷。ちょっとした傷に見えて実はものすごーく深く裂けていた傷。ひとつひとつを可能なものから表面に出してきて、ゆっくりと自覚する。そしてグループの他の人と共有できる部分を取り出して、共感する。共感して癒《いや》してそしてまた心の中に戻す。傷は治りはしないけれど、ちょっとしたかさぶたくらいはできる。

そうやって繰り返していくうちに、そのかさぶたができた部分がほんわかと熱を持っているように感じることがある。無機質なモノトーンの部分に色がついたように思うことがある。そんな時それを取り出してみると、そこにはグループで共感した人たちのかけらが残っていて、自分が群れの中にいたんだ、と実感することがある。

今でも私は群れが好きではないし、できるだけ避けようとする傾向にある。

でも、被《かぶ》っている鎧は鉄製ではなくもっと計量なアルミ製になったみたいだし、以前ほどは孤独でないのかもしれない。「三つ子の魂百まで」というから、そうそう変わるわけでもないが、少しずつでも回復しているようには思う。回復しているかどうか判断するのは他人ではなく、やっぱり自分で、だからそれも違っているかもしれないが物事は良いほうに解釈している。

私の前には、鬱蒼《うっそう》と茂ったジャングルか、はたまた一本の草も生えない荒野が広がっているようだが、とりあえず自分で切り開いて一歩進んでみようと思う。もしかしてまた途中で泣いて戻ってくる場合もあるだろうが、そんな時はまた自助グループに駆け込んで、いっぱいいいっぱい話を聞いてもらおうと思っている。

語り泣きつくした後に回復が

ゆう子

家族三人からの言葉による虐待

私は生後一年で脳性マヒになり、右半身の自由を失った。

私の家族は両親、姉二人、兄一人、私の六人で構成されていて、私はいわゆる、末っ子だった。

父は他人に対しては愛想が良く、家では不機嫌に黙り込んでいるか、だれかを怒鳴りつけているかのどちらかだった。そして、母は世間体を気にし、いつも父の顔色をうかがい、自分のない人であった。

長女の姉はそんな両親を見て育ち、いつしか人に対して攻撃的になり、他者コントロールをし、自分の意思が通らないとヒステリーを起こす。

私はその三人のいらいらを解消する道具にされ、言葉の虐待を受けた。三人にとって私は持ってこいの標的だった。

私には障害を持っている弱みがあった。その弱みにつけ込んで、両親、長姉はことあるごとに、悪いことはすべて、私のせいにし、自分たちは楽をしようとした。

私は子ども心にこの三人に逆らっては家から追い出され、生きていけなくなる……そう思ったのだろう。三人の心に自分の心を無理矢理に合わせた。

その時に私は本来の自分を失った。私は何か分からないが、自分がすごく生きづらいなァと感じた。

それでも不条理は私の奥深くで不完全燃焼し続け、一年に一度とプツンと切れ、家族の前で大爆発を起こした。

自分でもわけの分からない金切り声を上げるわ、父母や姉を罵倒《ばとう》するわ、学用品、本などを手当たりしだいに投げつけるわで、堰《せき》を切ったように私は荒れ狂った。

父は何かにつけて、「王選手や長嶋選手は夜も寝ないで、練習に頑張っているんだ。

だから、お前も負けずに頑張れ」と私に言った。

何を、どう頑張ればいいのか子どもだった私には分からなかった。父はそのヒントすらも与えてくれなかった。

私は上目遣いに父を見上げて、頬をプッとふくらませた。その顔が父に気に入らなかったと見えて、「なんだ⁉ その顔はッ⁉ それが親に向かって取る態度か⁉」と怒鳴られて、私は思い切り、頬をぶたれた。

その他にも父の言葉の暴力、「だれに飯を食わせてもらっているんだ！」「電気代がもったいない」「米代知らず！」などなど……。

一度、「このテレビは父ちゃんのものだ。だから、俺《おれ》が観る権利がある！」と言われた。

確かに父が買ったテレビだ。でも、何かおかしい。何か違う。

今でこそ、何と身勝手な親かと呆《あき》れてしまうところだが、そのころの私はそんなことに思い及ばず、言葉にも表すことができず私はまさしく鉄仮面だった。

その父も私が二十代のころ、脳溢血《のういっけつ》で六十六歳で急逝した。今、生きていたら、私の恨み、憎しみの的になっていたことだろう。

母はまさしく空疎な人で、彼女が心の底から笑った顔を私は生まれて一度も見たことがない。私に直接、言ったことはないが、「この子が人並みであったら……」というメッセージを私は小さい時から敏感に受け取ってきた。

私が母の手伝いをしようとすると、「あんたはしなくていい」とピシャッとはねつけられた。無理に手伝いをして、私が失敗すると、「また、いらんことをして。あんたはしなくていいとあれほど言ったのに！　もう、どいてなさい。私が片づけるから……」と母の渋い顔を見るのが関の山だった。私は母から経験を奪われた。生きていく上で必要なものは何も教えてくれなかった。そのくせ、「もうあんたも大人なんだから、これくらいできなきゃだめよ」としたり顔に言う。私は母をつくづく眺めながら、〈何も教えてくれなかったくせに、よく言うよ〉と思う。

私はどれだけ母の抱きしめが欲しかったことか！　「どんなゆう子でもいい。そのまんまのあんたが好きよ」と母の口から言って欲しかった。母はどうやら、私を、〈何もできない子、できるはずのない子〉と思いたがっているらしい。そう思うことによって、心の安定を得ようとしているらしい。

私は昨年、北海道を一週間ほど旅行した。

何もかも私にとって初めての体験だった。空港でチケットを買うのも初めてなら、飛行機に一人乗るのも初めて、ホテルの部屋を〝飛び込み〟で確保するのも初めて、正直、一人で何もかもするのは怖かった。でも私はやってみなくちゃ分からないといった思いで一つ一つをこなしていった。私は私なりに一人旅を楽しみ、無事、大阪に帰ってきた。

私は暮れも押し詰まったクリスマス・イブに夫と一緒に母を訪問した。クリスマスのご馳走《ちそう》に舌鼓《したつづみ》を打ち、いろいろと話をした。私はその中で、母に北海道を一人旅してきたと告げた。

母はそれを聞いて、呟《つぶや》くように、「あんたにそれができるはずがない」とぼそりと言った。

夫が横から、「いや、お母さん、ゆう子は本当に北海道に一人で行ってきたんですよ」と助け舟を出してくれた。母はそれを聞いて、一瞬、〈信じられない!〉といった顔をした。

私は母にもろに目の前で、「あんたにそれができるはずがない」と言われたことに衝撃を受けた。そんなこと……母の口から言って欲しくなかった。悲しかった。ただ、ただ悲しかった。そして、今も思い出すと、傷がうずく。

そして、長女の姉……私は正直言って、今、彼女の顔を見るのも声を聞くのも御免被りたい。私の心の中で憎しみと嫌悪が最高潮に達している。殺意さえある。

姉は徹底的に私を標的にした。末っ子で、右手足が不自由ということにつけ込んで、私を好き勝手にいじくり回した。

私が反論すると、目をつり上げ、両のこぶしを握りしめ、地団駄踏んで、泣いて金切り声を上げた。彼女は私をコントロールした。

私は心の中で、もうお手上げという感じで、以後、彼女には極力、逆らわないようにした。

もう七～八年前のことになるが、姉から、「私はあんたのためにどれだけ泣かされ、苦労してきたことか！　私の青春を返してよ。さあ、ここで私に謝んなさいよ」と言われた。私はあまりの姉の言葉に二の句が継げなかった。姉はぼー然としている私にさらに言い募った。

「さあ、今、ここで私に謝んなさい！」

姉は目を三角にしていた。私は進退極まって、不本意ながら、「ごめん……」と謝った。

姉の機嫌を損じたら、もう手をつけられないほど、荒れることを知っているからだった。

私は自分のアパートに帰ってきて、腹が立って、口惜しくて、おいおい声を上げて泣いた。腹が煮えくり返った。

夫にこのいきさつを話し、「もう姉ちゃんとはきょうだいの縁を切る！」と涙を流して訴えた。夫は静かに私の言うことを聞いていたが、「今はやめておけ。姉さんとは他人と思って、つき合ったらええ」と諭された。

私を標的にする姉はそれでいいだろう。でも、私はどうなるの？　姉の〝ごみ箱〟にされた私は……？　私の方こそ、そっくり、その言葉、姉に返してやる！

母は私たちのやり取りを近くで見聞きしていたはずだが、知らん顔を決め込み、私をかばってもくれなかった。今でも、母に対して、その恨みはある。

姉は、二言目には、「母ちゃんに心配かけたらあかん！　母ちゃんの手伝いをしろ！」などと口が酸っぱくなるほど、私に言う。

私は柳に風と聞き流しているが、心でどれほどむかついていることか！

今年の年賀状には、「たまにはお母さんの所に行ってください。お母さんが寂しがってますよ」とのメッセージ。あんたに母親の心まで分かるんか？　年賀状に書いてまで私をコントロールし、私に性懲りもなく、罪悪感を抱かせる気なのか？　そんなにまで、母のことが心配ならば、自分で車を運転して大阪に来るなり、新幹線に乗って母を訪ねるなりして、自分で親孝行したらよい。何も私まで巻き込むことはない。私は自分で決めた。母を訪ねるから放っといてよね。余計なお節介はしないでよ。

私は母、姉から、「あんたは私たちにとって、恥ずかしい存在だ」といったメッセージを頭にすり込まれた。私はずっと、自分を、「恥ずかしい存在」だと思ってきた。ちなみに、両親、長姉の影響を受けずに、自分を確立していったのは次姉、兄だ。我が家でこの二人が健やかに成長したことは私にとっては救いだ。しかし、兄は残念ながら若くして他界した。

世界でたった一つの手

さて、そんな私が自助グループに出合ったのは四年前になる。ある日、夫が私に一冊の書物を手渡した。それはＡＣ関係の書物だった。私は早速、読み始めた。その中でインナーチャイルド★の話が出てきて、そこを読み、大泣きに泣いてしまったことを覚えている。

私はこの書物を読み、ひょっとして自分はACではないかと思った。

私は夫に大阪でミーティングをしている所はないかと尋ねた。彼はぼちぼちクラブのAC交流会があることを教えてくれた。

私は早速、AC交流会に出かけた。一九九八年十一月のことであった。会場は芦原橋のヒューマインド。参加者は四～五名だったように思う。私の番が回ってきて、私は訥訥《とつとつ》として話した。私はそこで東京に自助グループJACAがあることを知り、早速、入会した。

そのJACAでワークショップがあり、一九九九年六月に初めて参加した。

私は分科会でミラーワーク、ダンスセラピーを取った。ミラーワークは心に鏡をイメージして、内なる子どもを呼び出し、対話する。

講師も自分がACであることをカム・アウト（公表）し、彼も私たちもほとんど泣いていた。

そしてダンスセラピー、さまざまな体の動きを通し、それを心に伝えていくという

★インナーチャイルド……子どものころに大きくこころが傷つき、おとなになってもそのままこころの中に残っている、怒りや悲しみなどすべての感情を、こころの中に子どもがいるかのようにたとえて、インナーチャイルドと呼ぶ。

★シェアリング……自助グループなどで、苦しみ、嘆き、怒り、喜びなどをわかちあうこと。わかちあうことで「自分は一人ではない」と実感することができ、回復への希望を得ることができる。

もの。二人コンビを組んで、さまざまな体の動きをする。私もある女性とコンビを組んだ。

まず、お互いに手をさすっていく。私は彼女からそれを受けた。彼女はゆっくりと私の右手をさすり始めた。突然、私の目から大粒の涙が次から次へとあふれ落ちた。〈皆、私の右手を気持ち悪がって、触ってくれようともしなかった！　でも、この人はごく自然に私の右手を触り、さすってくれている！〉

私にとっては実に複雑な衝撃だった。

彼女は私に感想を述べた。

「ゆう子さんの手、すべすべして柔かい。赤ちゃんの手みたい……」と。

講師の先生も私たちの所に来て、「私にも触らせてね」と言って、私の右手を触った。

「本当、柔らかくて、すべすべして気持ちいいわ」と言ってくれた。

私にとっては生まれて初めて聞く肯定の言葉だった。私は信じられないといった面持ちで二人を見つめた。

そして、すべてのメニューをこなし、最後のシェアリング★に入った。皆、それぞれに自分の感想を述べているのに、私は優等生のように「二時間、楽しかったです」としか言えなかった。

私は帰りの新幹線の中で自己嫌悪に陥った。

私はその後、いろいろな気づきや自分の考えが生まれ、講師の先生にそれらを今、どうしても伝えたいと思い、早速、ＪＡＣＡに連絡を入れて、先生の連絡先を教えてもらった。私は先生に連絡を入れた。先生は私を覚えていてくれた。

先生に事情を話し、手紙を書きたい旨を伝えると、「ぜひ、書いてください。お待ちしています。それから、お返事差し上げたいので、住所とお名前、書いといてくださいね」と言われた。

私はいろいろな気づき、シェアリングの時、話せなかった理由などを書き、ポストに投函した。やがて、先生から返事が来た。その文章の中に、「……ゆう子さんの手も世界中でたった一つの手ですね」といった言葉があった。

私はその言葉を繰り返し、繰り返し呟《つぶや》いた。涙があふれる思いだった。

思いっ切り感情をぶつけた

ミーティングの方も、休まずに参加していた。話していく中で、どうしても言葉が出ないこともたびたびあった。

その年の十二月、私は再びＪＡＣＡのワークショップに参加し、分科会は構成的エンカウンターとサイコドラマを取った。

構成的エンカウンターは二人一組になって、先生の指導で、人とのつき合い方を学んでいくというものだった。

それが終わって、シェアリングの時、ある女性が、「私は安全な場所で小さな怒りを出したい。その時がきたら応援してくれますか?」と皆に問い、大部分の人が手を上げ、私も手を上げた。その時、私の心の中で奔流《ほんりゅう》のように突き上げてきたものがあった。私は手を上げて発言した。

「先ほどの女性が『私は安全な場所で小さな怒りを出したい』と言ってられましたが、私は大きな怒りを出したい。小さい時から親きょうだいに言いたいことも言えず、自分の心を家族の心に合わせて生きてきました。私には姉がいますが、彼女に言葉の虐待を受けたにもかかわらず、彼女から電話が掛かってくると、嫌悪しているのに、仮面をつけ替えて、にこにこと接するのです」と大泣きに泣きながら話した。

先生は静かに聞いていたが、私の話が終わると、「よく生きてこられました。よく生きてこられました。ワーク★が必要です。それもサイコドラマといった……」「明日、サイコドラマを受けるのです」「そう、それはいい」と先生は言われた。

その分科会が終わって、部屋を出る時、ある男性から、「感情を全部、出し切れてよかったね。実は僕も明日、サイコドラマを受けるんですよ」と言ってくれた。

翌日、サイコドラマがあった。これは心理劇で、自分の育ってきた家族のドラマを再現するのである。

私はある女性のサイコドラマを見ていて、泣いてしまって、涙が止まらなかった。自分でもびっくりするほどの感情の揺れだった。

その私の様子をそばで見ていた、昨夜、声を掛けてくれた男性が、「今のゆう子さんの盛り上がった感情をこのままにして帰るなんて、もったいない」と言って、私を主役に推薦してくれた。主役の推薦なんておそらく前代未聞!! 私は迷ったが、結局、受け入れることにした。

先生の指導で、私が父役、母役、姉役を決めていく。なにぶん、初めてのことなので、先生が、「その時、お母さんはどの位置にいましたか?」といったインタビュー形式でドラマは進められていった。この時、自分でも驚くほど、ないものとしてきた

★ワーク……ワークショップなどでのセラピーなどの活動。自分の悲しみや怒り、愛情を消化するための行動。

感情がどっとあふれてきた。

私は父役、母役、姉役の人に自分の感情を思い切り、ぶつけた。泣くわ、怒るわ、叫ぶわで、もう滅茶苦茶だった。

最後に私は、「私は自分で生きていく人生を選ぶ!」と宣言してドラマを締めくくった。

マイペースで課題に取り組む

年が明けて、最初のミーティング……ミーティングが始まる前、私は大粒の涙を流した。止めようとしてもあふれてくる涙だった。

昨年末、怒とうのように次から次へと出てきた感情に、私はパニックを起こしたのである。私はこれらの感情を心の奥底に押し込めていた!

私はそのころから自分を少しずつ語り始めた。

このミーティングが私にとって安全な場所であり、私の唯一の居場所であることを確信したのもこのころである。

私は少しずつでもいいから回復したかった。

私は続けて、ワークショップに参加した。

再び分科会はダンスセラピー、私は講師の先生と再会を喜び合った。セラピーを始める前のシェアリングに参加。私はあの時の私ではなかった。少なくとも自分の意見を自分なりに表現できる私になっていた。

二人で組になって、さまざまな動きのメニューをこなしていく。私はM子さんとコンビを組んだ。このM子さんとは最後のメニューを通して親しくなった。

最近のワークショップの参加は昨年の十一月である。テーマは「インナーチャイルドワーク」、二日間にわたってのテーマである。

「ゲシュタルトセラピー」「サイコドラマ」の二つの分科会があったが、私はゲシュタルトセラピーを選んだ。自分の心の中に出てきたインナーチャイルドを画用紙にクレパスを使って描き、二人でシェアリングをするというものである。

私はこの分科会でダンスセラピーで親しくなったM子さんに偶然、出会った。彼女は私を見つけるや、「ゆう子さん！」と満面の笑みを浮かべて、私の首に飛びついてきて、手を回してきた。私たちは心から再会を喜んだ。

このセラピーでは、「右手と左手の対話」というのがあって、右手は大人を表し、

★子どもと大人との統合……傷ついたままのインナーチャイルドと大人である自分が折りあいをつけること。

左手は子どもを表す。右手と左手に色の違うクレパスを持って、交互に右手と左手の気持ちを言葉ないし絵で表していく。

私の場合、右手が不自由で先生の助言もあって、右手は好きな色のクレパスを持って、イメージするという方法を取り、後で先生が回ってきた時、「左手で右手の役割をしても構いません」と言われた。

私の内なる子どもは一回目はすんなり出てきてくれたのだが、二回目は疲れてしまったのか、「もう、私、こんなのいや!」と逃げ出し、どこかへ姿を隠してしまった。

翌日の昼ごろ、照れくさそうに帰ってきてくれたが……。

最後に子どもと大人との統合★が試みられたのだが、私には分かりづらく、できなかった。

子どもと大人との統合は、成長回復につながると言われた。

終わりのシェアリングで先生が私に言われた言葉が忘れられない。

「ゆう子さんの左手は右手の役目もするのですね」

その先生の言葉は私の心に深くしみ通っていった。先のダンスセラピーの先生の「ゆう子さんの手も世界中でたった一つの手ですね」といい、この先生の「ゆう子さんの左手は右手の役目もするのですね」といい、家族にただの一度も言ってもらえなかった。だからこそ、二人の先生の言葉がとても支えになる。

今、私は回復へと歩み出している。一例を上げると、以前は買い物の自由が失われていて、家族が必ずといっていいほど、横から口を出してきて、なすがままにされていたが、家族から離れ、自立生活を始め、結婚し、家族がそばにいないにもかかわらず、小さいころからのパターンがなかなか取れなくて、結婚して十四年経った昨年の七月、突然、スーパーで買い物をしていて、ウキウキするような喜び、楽しさを実感した。そばで口出しするような人がいないことは何と気が楽なことかと思った。

最後に、あるカウンセラーの言った言葉を記しておきたい。

「自分の過去を語って、語って、語り尽くして、泣いて、泣いて、泣き尽くしたその上に癒《いや》し（回復）がある」と……。

ある部分では楽になったところもあるが、課題はまだまだたくさん残っている。でも、焦らず、ぼちぼちと、マイペースで課題に取り組んでいきたい。

ひとつずつ重い鎖を手放した

さえ

仲間の力

ホントは頼りたくて、甘えたくてもろい私なのに、家の中でリーダーシップをとり、母の幸せをかなえるために頑張ってきた自分と、甘えさせてくれない父への恨みや悲しみや寂しさにまみれた自分が、昼間は周囲からよく思われる優等生・明るく元気な人をやり、〝独り〟の時間を過食や買いもので支え、夜は身体を売って、その費用をあみだすという二重生活をして自分の過去にうわべの楽しさでフタをして過ごした私にとって、次男を妊娠してからの六年半は、それまでとは違うイミで、とても苦しかった。

妊娠中の過食や家出や自殺衝動は、今思うと、「私には、二人の子どものおかあさんはムリだよお」という自分からのSOSだったんじゃないかと思うが、「自分はあんな冷たい家族は作らない！　ぬくもりと安らぎのある家族を自分は作れる！」と信じて疑わなかった私にこのSOSは届かなかった。

自助グループにいた仲間の、「仕事を辞めたから、いつでもココに来れる」という何気ない一言に心動かされ、仕事で〇（マル）をもらうコトへの執着を手放し、迷っていた退職に踏み切った。別の仲間に「おめでとう」をもらった。

少しずつ、自分にぶら下がっているいろんな重い鎖を一つまた一つと気づき手放していった四年半の中で、大きく占めていたのは〝今まさに現在進行形〟であった自分と子どもとの関係、親との関係の二つがこんがらかった網目の中で、もがく自分からの悲鳴と、この子たちに伝わってしまうという焦りだった。〝あのころの自分〟が、自分のそばに二人存在しているカンジは、キョーイの一言だった。

過活動で依存体質でもあった自分が、さまざまな依存症を手放していけたのは、とことん依存しまくったコトと、仲間の存在が大きかったと思う。

子どもでもあり親でもある中間世代だった私は、最初なかなか自助グループの中で居場所を見つけられずにいたが、関東を離れてから参加し始めた、パソコン上のミーティングで、自分の中で空まわりしているいろんな感情をキーボードに毎夜打ち込んだり、そのときどきの自分の中で持つコトをテーマに、誌上ミーティングをつくっていったり、地元や東京の自助グループでの他者とのかかわりの中や、カウンセリング、ワークショップ、セラピー、プログラムの中で、とにかく打って書いて、しゃべって泣いて、人の話や仲間のいのちの宿った言葉をたくさん受けとるなどしていたら、心の中に大きく空いていたブラックホールはいつのまにか小さくなっていき、底なし沼にひきずりこまれそうな感覚は、力を抜いても底に漂える感覚に変わっていった。

自分の心の古い深い傷が癒えるのを待てる環境が、まず私に必要なコトだった。

助けを求め甘えた

義父の死から始まった大きなうねりと流れの中で、コミュニケーション不全で理解と協力が得られない環境の中、母にもらえなかったものを夫に求める私の中の〝小さなコドモの憤り〟を子どもに向けないために、ホウキでふすまを打ちつけながら、家庭内暴力や殺意の衝動で壊れてしまいそうな自分を保つのに一触即発の状態だったが離婚という形で回避された。

虐待される側の受け皿はけっこうあったのに、虐待してしまう側のSOSをなかなか受け止めてもらえなかったが、ある出逢いに救われた。いつか見たTVで、アメリカではそういう側の支援・ケアとして親のためのクラスというのがあるようだけれども、日本にもそういうものがもっともっと必要だと思う。

「もう頑張らなくてもいいよ」という環境の中で、次にやってきたのは、一緒に暮らし始めた長男の「おかあさんはボクの幸せを壊した」という言葉と、別れて暮らすコトになった次男への想いと、十三年かけて崩壊した〝結婚というカタチ〟の挫折《ざせつ》感だった。

今までで一番自分に責められ、許されない状況の中で、自分は生きられないんじゃないかの九か月が過ぎて年末を迎えて、今、フシギな気持ちでいる。

脱出するコトに気力も体力も使い果たし、自分を休ませるコトも眠らせてあげるコトもできない無力な私に、いろんなコト（投薬も含めて）や、多くの人たちが助けてくれたし、自分からもとにかく人に助けを求め甘えた。そして「親の仕事は、子どもを生むコトと、子どもに捨てられるコト」「あなたの脳ミソは死にたがっていても身体は生きたがっている」という仲間の言葉。私は三十八年かかって母親を捨てられた。あとはこの子たちが、私を捨てるのを、待てばいいのだ。

自分にとって離婚は、親バナレでもあったが、たった二文字の離婚は実はとてつもなく大変なコトで、まるでコンクリートの壁にバイクで全速力で突っ込んで、私は大ケガでひっくり返ってしまったかのようだった。

母に対して、離婚してほしいというキモチを強く持ち続けていたが、やってみたら、すさまじく、シラフな私はいろんな現実にぶっとばされた。子どものために耐えるという母の生き方は、あるイミでは（母にとっては）自分にやさしい生き方だったんじゃないかなどとも思う。

ＡＣが親をやるというのがどんなに難しいかを時とともに実感していくうちに、自己を肯定できず、仲間にも出逢えず、それでも六十年以上、自己正当化しながらでも生きている両親を、すごいなとも思った。

約三十年ぶりに、クリスマスイブのミサを味わいながら涙が止まらず、生誕洗礼を受けたままの私に、聖体を受けるかわりに、「神の祝福を」と頭上に置かれた神父サンの手があたたかく、小さいころの居場所だった教会のお御堂での記憶がよみがえった。

父と母とのほど良い距離

先日、父とゆっくりお茶を飲みながら話していて思ったのは、「この人は愛情のミルクタンクがほとんど空っぽなんだな。ここから愛をもらおうとしても、ムリだったんだな、こりゃ」だった。

父は、自分が祖父から育てられたように、私を〝長男〟のように育てたのだ。そしてムイシキに、私は父の妻役をもやっていたのだ。されていないコトはできない。もらってないものは、あげられない。

でも、父から、ココロのミルクはあんまりもらえなかったケド、当時高価だった絞りたての牧場の牛乳を私の身体のためによく飲ませてくれたおかげで、私は、レントゲン技師に「あなたは実にりっぱな骨だ」とホメられるほどで、身体へのミルクは、もらっていたのだと思う。

そして、母からは「私には果たせなかったユメを」という動機かもしんないけど、九年間〝音楽〟を私の中にたたきこまれているのを日々感じてもいる。

私の中の寂しさや怒りが腐って恨みになっているかと思ってから三年ほどずっとずっと母に対して怒りまくりたくてたまらなかったものが、昨年五月に、ようやく母本人に対して噴きだした後、甘えたら、なんか思っていたほどではなかった。

洋服でも家でも、買う時には母の「いいわね」を求めずにはいられなかったアロンアルファつきの母娘カプセルだった私には、母と離れたいキモチの方がずっと強かった。「あんたにしてほしいコトは、孫へのプレゼントや孫と遊ぶコトだけ」だった。

離婚については、父母なしで自分で決められて得た、ほっとするマイルームで、受ける母からの電話で、「あなたの選択は正しいと思う」の言葉に、それはそれでなんかうれしかったり、私が〝お母さん〟をできない時、子どもを預かってくれる母のサポートに、なんかありがたかったりする。ただ、昔のような〝カプセル〟にすぐ戻ろうとしたがっている母がうざったくも感じ、実家と今のマイルームの距離は、ちょうどいい。

祖父から父へ、私、長男へと、そして母の側からも伝わってきたものの中で、もがいてきたけれど、とりあえず、私が気づいたというコトは大きいコトなんじゃないか。

愛しい者へ噴きだしてしまうものは、苦しくてとにかく私は止めたかったのだ。

今、喜怒哀楽はあっても、恨み、憎しみがうすれ、以前は他人より遠くに感じていた妹や弟が今の私には大切な存在になり、父と母とは、なんだかほど良い距離を感じる。

自助グループで培ったこと

今、以前から欲しかったちっちゃなコタツに入りみかんを食べながら、わきで笑っている長男に対して、「かつて感じていた激情はどこへ行ってしまったのだろう」と思う。

アレは、自分が制圧された〝子どものまんま〟を受け入れられなかったコトの他に、彼に自分を投影していたコトと無力だった私に対して暴力をふるった父への反撃にも似た怒り、恨みが息子へ噴きだしていたように思う。

今、自分を大切にできる居場所を持てて、次男が生まれてから見えなくなっていた長男の顔が見え始め、ひとりのちっちゃな人間として接する時が増え、互いにＹＥ

★平安の祈り……一般には、自助グループで使われる、苦しみと恐怖を落ちつかせ回復に向かう気持ちを新たにしてくれる祈り。

S・NOを少しずつ言える関係が、ココロの中にあたたかさをもたらしてくれる。「小学校をやめる」と自分で言えた彼を、えらいなと思う。

一緒に暮らしていた時はうとましさの方が大きかった次男に対しても、離れたコトで愛おしさを感じられ、彼が生まれてから一度も心からギュッと抱きしめていない想いを抱えながら、半年ぶりに保育所の柵《さく》から垣間見た彼は、私の自己投影がとれて、初めて見るような彼だった。義母の言うように「我慢して一緒にいた」ら、見えなかったと思う。「裁判をしてでも、次男はわたせない」だった元夫や義母に対してのあの時の自分は十分だったし、今の私もOK。もうそんなに自分を責めなくていい。「変えられないもの」は私自身で、「変えられるコト」は、そういう自分を受け入れるコトで、これは自助グループの中で培うことができたものでもあった。

一年ほど前、「責任をとるのではなく、結果を受け止めていくだけでいい」と、自分の言った言葉が実は、そっちの方がはるかに難しいコトだと身に沁《し》みる一年だった。「自分にできるコトはゆっくりこなし、自分の限界を超えるできないコトは天にまかせ、その区別がつきますように」が、今の私にとっての〝平安の祈り★〟である。

自分にとって、生きるコト＝頑張るコトだったから、頑張らなくていいは、生きなくていいと同義語でもあった。

だから、頑張らずにいつつ、死なずにいるというボーダーラインにようやくたどりつき、そこにしいた布団の中にくるまって、生きる屍《しかばね》歴九十日目の私に、まず自分に二〇〇一年、お疲れサマよく生きてきたね……この六年半大変だったね……三十八年、疲れたね……成人式オメデトウ。

コミュニケーション不全で、大勢の中にいてもいつも〝独り〟を感じていた自分にとって、自助グループにおける〝言いっぱなし、聞きっぱなしのミーティング〟の存在は大きく、そこからたくさんの（しかも同性の）〝友だち〟が生まれたコトに、出逢いが私に力をもたらしてくれたコトに感謝。

ダメな自分でもいい

しょうこ

先生

久しぶりにものすごく落ち込みました。

ボランティアの勉強会に行って、何気なく机の上に並んでいる出席者の名札を見た途端、私は自分の目を疑い、固まってしまいました。

何でこの名前の名札がここにあるの？　まさか、まさか、あの人がここに⁉

この名前は同名異人とは思えない。だとしたら、あの人がここにいる。絶対に二度と会いたくないと思っていた人が、こともあろうにこの場にいる。ああ、何ということ……もうその後は、講義の内容も友だちの言葉も上の空でした。

★オープンミーティング……だれでも参加できるミーティングのこと。

先生

私が初めて先生にお目にかかったのは、一九九八年六月二十九日でした。

身近なある人のことで、もう何年も悩んでいました。しょっちゅう相談に乗り、できる限りの協力をしてきましたが、事態は悪くなるばかりでした。病院も周りの人もだれも助けることはできず、もう頼るところがなくなっていました。その人はまるで、自分から進んで病の世界に入って行こうとしているようにさえ思えました。家族も皆追いつめられていました。そんな時読んだ先生の本、ここに行ってみよう、もうここしかない。それが私の第一歩でした。

初めてのオープンミーティング★で話される内容に驚きながらも、ここには苦しんでいる人がこんなにいる、私だけではないと思い、妙に居心地の良さを感じました。

先生は、予定時間が超過しているにもかかわらず、突然に行った私の話を聞いてくださいました。先生の助言は、思い詰めた私に肩すかしをくらわすような感じで、何だか拍子抜けがしました。これは何だろう？　それが知りたくて翌日も参加しました。

そのミーティングが終わるころ、私は自分のことばかりを考えていました。その人のことより自分のことだ、私も問題を抱えている、自分のことを知りたい、その思いは強烈でした。またここに来よう今度は自分のために、そう決心していました。

それから、二、三か月おきに先生にお会いしました。人のことについては話せても、自分のこととなるとなかなか話す勇気が持てませんでした。でも、そこで話されることはみな自分と無関係ではなく、時にはまるで私自身のことのようにさえ思えました。みんなの問題に比べれば私のことなど大したことではないという思いも強く、いつもほとんど聞いているばかりでしたが、心は満たされていました。

このころから、私はやっと自分が可哀《かわい》そうと思い始めました。それまでは、どこか自分を突き放した見方しかできず、人から責められると一緒になって自分を責めており、自分を可哀そうとはどうしても思えなかったのです。私の心は先生のこと、先生の言葉で溢《あふ》れていました。でもいつも、先生は私のことを覚えていてくださるかしら？

もしそうだとしたら、どんな風に思っておられるのだろうと、そのことばかりがとても気がかりでした。

先生の所に行き始めて一年たったころ、ワークの中でジェノグラム★を書くことになりました。ジェノグラムは私にはとてもつらい作業でした。

★ジェノグラム……家系図とそれぞれの人物の分かる限りの情報、つまり、年齢、職業、家族の経過、特徴、人間関係の距離や関係の良否などを書き込むことで、家族全体の雰囲気や家族構造を理解するための一つの方法。

四十代の終わりごろ職場の人間関係に行き詰まり、他の女性の生き方が知りたくなりました。講演会に出かけ、本を読み、いろんなグループに入り、多くの人と知り合いました。それまでの、家と職場だけの生活から世界が広がっていきました。目から何枚もの鱗《うろこ》を落とし、癒《いや》され、泣き、笑い、そして傷つきました。その中で見え隠れする自分は、それまで自分が考えていた自分とは違っているようでした。

私は何年も働いて職場の修羅場もくぐり抜けてきた、しっかりした強い自分のはずでした。家ではいい妻を精一杯やってきました。それなのに、この傷つきようは何だろう？　この惨めさはなぜ？　……私は強くなんかない、ひょっとしたら、ものすごく弱い？　そして、何より私は本当は自分に自信がない、その上自分のことが大嫌いなんだ……ショックでした。本にはありのままの自分を受け入れようなんて書いてあるけれど、こんな惨めな自分なんか受け入れたくない、受け入れられない、私はもっと頑張って明るくやさしく寛大で、芯《しん》の強い人になりたい。そうすればどんな人にも好かれるだろうし、自分のことも好きになれるだろうから。自分を変えたい、変わらなくては、そうすれば自分を受け入れられる……。

私は自分を惨めにする過去を思い出さないことにしました。とくに、三十歳までの自分を封印することにして、やっとほっとしました。

それなのにジェノグラム、です。自分の歴史を、生まれる前にまでさかのぼって詳しく辿《たど》らなければなりません。途方に暮れながらもやってみよう、やるしかない、と決心しました。

『私は戦前の生まれで、両親と祖父、そして大勢の姉と兄という家族の中で育ちました。家は兼業農家で、決して裕福とはいえませんでした。

それに祖父と母が両方ともしっかり者で気が強く、ことごとく意見が対立して喧嘩が絶えなかったのです。家の中はいつもピリピリと緊張していて、子どもたちは母の顔色ばかり窺《うかが》っていました。そのころの父の存在は非常に薄く、あまり記憶の中にありません。心身共に弱かったようで、よく頭を抱えて寝転がっていたのを思い出します。畑仕事の苦手な父は、祖父と母から罵声《ばせい》を浴びせられ、そういう時は日ごろ仲の悪い二人が結託して父を悪し様に罵《ののし》りました。一方で父は音楽を愛し、家の中にはいつもクラシックが流れていました。それで、子どもたちは皆、音楽好きになり、兄はその後音楽の道に進みました。一方、祖父は孫をとても可愛《かわい》がりました。末っ子の私は、いつも祖父の背中を独占していました。祖父の背中はとても広く暖かく、安心できる唯一の場所でした。

一、二歳のころ円形脱毛症になり、腹痛と下痢を繰り返すようになり、それはその後もずっと続きました。私を可愛がってくれた兄はいたずらが激しくよく母に叱《しか》られ、それはまるで折檻《せっかん》のようで恐ろしく、兄がとても可哀そうでした。兄が私をパチンコの標的にしてひどく叱られた時、私が泣かなければよかったと兄に申し訳ない思いで一杯になりました。またある時は、祖父が担いでいた天秤棒《てんびんぼう》が私の瞼《まぶた》に当たり、少し怪我をしました。母が逆上して激しく祖父をなじるのを、私はとてもつらい思いで聞きました。祖父は何も言わず、拳《こぶし》を握りしめ俯《うつむ》いていた姿が忘れられません。

母にやさしくされた思い出はまったくありません。いつも忙しく立ち働いており、すぐにヒステリーを起こす恐ろしい人でした。でも夜なべをして、私の遠足用のセーターを編んでくれたこともあります。そういう家の中で、一番小さい私は私なりにみんなが喜ぶことを一生懸命やりました。そのころ、お風呂に入ると、いつも自分がパンツをはいたまま湯船に浸《つか》っている不安におそわれ、その後もときどきその感覚がよみがえりました。

小学校の四年になった途端、私はあまりものを言わなくなりました。それまでの担任だった女の先生が男の先生に代わったのです。姉や兄は勉強ができたので、その妹である私に寄せられる期待に私は押しつぶされそうでした。先生の意外そうな顔、ガッカリする顔に傷つきどんどん心を閉じていきました。勉強のできない自分を周りに知られないように必死でごまかしました。自分を責めながらだれも信じられず、家でも学校でもものすごく孤独でした。

家に帰れば母は機嫌が悪くていつ怒るかわからず、また祖父との喧嘩が今にも始まりそうで、落ち着きませんでした。私は、廊下の隅の古い机の前でいつもぼんやりしており、勉強する気にはまったくなれませんでした。母は子どもの勉強にはとくに厳しく、悪い点数を取ると激しい叱責《しっせき》とげんこつが飛んできました。げんこつのたびに、わずかな自尊心も奪われてゆくようでした。子どもたちはみんな、お前のような馬鹿は見たことがないと言われ続け、その中でもさらに私は一番馬鹿なんだと思い、惨めさばかりが募っていきました。

そんななかで、お祭りや祝い事などの非日常の時だけが楽しみでした。その日はご馳走《ちそう》があり、何より母が怒らなかったからです。夏の盆踊りも楽しみでした。その盆踊りの練習をしていたある時、トイレに行きそしてふと気づくと、私は壊れた蓄音機の側《そば》にぼんやりと立っていました。何が起きたのかまったくわかりませんでした。私がレコードを壊したとだれかが言っているのが聞こえましたが、私には何の記憶もなかったのです。

中学校では苛《いじ》められました。面と向かって、あんたを苛めると面白いと言われても何も言い返せず、どこかで自分は苛められて当然なんだという思いがありました。

高校受験の年の元旦、母の反対にもめげず、友人たちと日の出を拝みにサイクリングに出かけました。ところが体力が続かず、私だけ途中から引き返したのです。縁起でもないと母に叱られ、その春私は高校受験に失敗し、兄は芸大に合格しました。そしてその時、私は自分を見捨てました。期待を裏切った私を母は激しく非難し打ちのめしました。滑り止めに受けた高校に通う毎日は地獄のようにつらく、自分は何の価値もないどころか恥の固まりでしかなく、生きていることが苦しかったです。まったく色のないような学校生活でしたが、なぜか楽しそうにしている級友がいることに気づきました。それが不思議でたまりませんでしたが、やっとそのころから母とは違う価値観があることを知ったのです。

子どものころからよく夢を見てはうなされました。一つはトイレの夢です。そのころの我が家のトイレはくみ取り式でした。夢の中でトイレに行くと、トイレが一杯で用が足せないのです。あふれそうなトイレに絶望し、なぜかとても怖くうなされました。後に先生から、感情が閉じ込められていたためと言われて、とても納得できました。もう一つは、寝ていてふと目が覚めるとだれかが枕元《まくら》にいるのです。怖くてうなされました。この二つの夢は何年も繰り返し現れて、私を苦しめました。

そして母は、私の将来の結婚の条件を良くするために、苦しい家計の中で私を大学に行かせてくれました。でもそのころから、母とは猛烈に衝突するようになりました。夜、少し帰りが遅くなると母は私を不良呼ばわりしました。期待に応えて不良になってやろうと本気で考えました。そして友人たちとキャンプに行った夜、私は男の人と二人だけになりました。ところがその人は私に「もっと自分を大事にしないといけないよ」と言いました。他の人からも何度か言われた〝自分を大事にする〟ということが、私にはまったくどういうことかわかりませんでした。何となくその人のやさしさを感じながらも惨めでした。

そのころ大学のコーラス部に入っていた私は、その発表会で、突然思いがけない症状に見舞われました。コーラス部の一人として大勢の学生の前で歌っていた私は、みんなが自分一人を見ているように感じ、急に身体が熱くなってくるのを感じました。その感じはどんどん強くなり、やがて汗が流れてきました。顔が紅潮し汗は滝のように流れ心臓が激しく動悸《どうき》を打ち、それはコーラスの間中続きました。恥ずかしさと惨めさで、立っているのがやっとでした。それ以来、人と向き合ったり少し蒸し暑い所では同じようなことが起こるようになりました。しかしそのころはそれが病気だという認識はまったくなく、ただ恥ずかしく情けなく必死で隠しました。

母には徹底的に反抗しながらも、自分にはまったく自信も希望もなく、どう生きればいいのかわからず、まったく先が見えませんでした。

そして就職し、そこで私は妻子ある人を好きになりました。初めて私を受け入れてくれる人に出会い喜びを味わいながらも、強い罪悪感、恐怖と惨めさで苦しかったです。どんどん駄目になっていく自分をどうすることもできませんでした。

一方で私は結婚への憧《あこが》れが強く、何度かお見合いをしましたがうまくゆきませんでした。兄の結婚のために私がいては困ると母に言われ、結婚することにしました。新婚旅行へと列車がホームを出たとき、私の中にあったのは諦めだけで、あまりのつらさに私は泣き続けました。絶望への旅立ちでした。

夫は悪い人ではありませんでしたが、私はどうしても好きになれず、以前の人と会うようになり、妊娠してしまったのです。一人で病院に行きベッドの上で天井を見ながら、「自分は墜ちるところまで墜ちた、この苦しみは当然の報いだ」と思いました。あまりに惨めで涙も出ませんでした。起きたことはすべて自分がしたことだからだれを恨むこともできず、心の深い傷になりました。

そのころ、家の暖房用に練炭火鉢《れんたんひばち》を使っておりました。ある日頭痛を感じ、それはあっという間に激しくなり、練炭のせい？　と気づいて立ち上がろうとしましたが体が動きません。必死で這《は》ってやっと外に出ました。もう少し遅ければ危なかったのかもしれません。その後何度か、いっそあの時にと思うことがありました。

抱えきれない秘密を必死で隠して、でももうこれ以上結婚生活を続けることはできませんでした。このままで一生を過ごすくらいなら死んだも同然だと思い、だれにも何も話せないまま、当然のみんなの猛反対を押し切り離婚しました。そしてだれ一人味方のいない、針のむしろのような実家に帰りました。一人で生きる自信などありませんでした。家族の容赦のない非難に耐えながら、何の希望もなくただ絶望の中にいました。自分が、生きているのか死んでいるのかわかりませんでした。その姿を見かねたのか、それほど親しくない近所のおばさんが、「またいいこともあるから元気を出しなさい」と言ってくれました。そんなことを言われる自分が惨めでしたが、そのころ味わった唯一のやさしさはうれしかったです。

そして私は自分から過去の関係を精算しました。とてもほっとして自由になったような気がしました。その後就職し、今までとは何かが違った生活が始まりました。

祖父が亡くなり、母は祖父との確執から解放されたのになぜか病気がちとなり、そのうち突発性の頻脈で苦しむようになりました。

私は恋愛し、失恋しました。その人に別れを告げられたとき、なぜか可笑《おか》しくなり笑ってしまいました。何もかも馬鹿馬鹿しくてどうでもよくなり、夜ウイスキーをがぶ飲みし、気がつくと食べた物をもどしていました。

友人に誘われて教会に行くようになった私は、そこの牧師さんに悩みを話しました。

礼拝が終わるたびに牧師さんは私を別室に呼び、話を聞いてくれました。ところが、ある時突然、牧師さんは私を抱きしめキスをしました。驚いた私が抵抗していると、副牧師さんが入って来られ、私は部屋を出ました。突然の思いがけない出来事をどう理解すればいいかわからず、私は翌週また教会に行ったのです。牧師さんは別室で、この前のことは秘密にするようにと言いました。私は牧師さんを軽蔑《けいべつ》し、それで教会との縁は切れました。みんなが信頼する人を私は信頼できず、いつもそういう立場になってしまう自分が惨めでたまりませんでした。

私は転職し、家を出ました。一人暮らしを始めた日、これでやっと親から解放されると思うと、もううれしくてたまりませんでした。

職場ではスポーツクラブに入り、合宿や試合などを楽しみ、ちょっと遅い青春を謳《おう》歌《か》しました。そこで夫と知り合い、結婚しました。夫は十歳年下で、初婚でしたから、私はだれにも後ろ指をさされないようないい妻になろうと決心していました。四十二歳で私はやっと人並みの幸せを手に入れたのです。ひたすら夫に尽くしました。それが幸せでした。夫は、子どもは作らないといい、私も同意しました。

仕事の環境は最悪で、ストレスに満ちていました。生真面目《きまじめ》さ、完全主義が災いして上司、同僚とうまくゆかず、どんなに頑張っても認められませんでした。

メニエール病、卵巣の手術、円形脱毛症、慢性胃炎、過敏性腸症候群などに苦しみました。

そんなころ、従兄弟《いとこ》が自ら命を絶ちました。彼の苦しみは、私の苦しみをさらに凝縮したようなものに思えました。

母が亡くなり、数年して一番上の姉が突然亡くなり、その二日後に父が後を追うように亡くなりました。姉の死の引き金が十二指腸潰瘍《かいよう》だったと知った時、血の気が引きました。姉が亡くなる少し前、私は妹でありながら意見をしてしまい、仲違《なかたが》いをしていたのです。そのことで姉は潰瘍になり亡くなったのだと思い込み、自分を責め続けました。夫との関係も何か苦しくて、一生懸命頑張っているのに、何もかもうまくゆかず、すべてが行き詰まった感じです。これが私の過去です』

先生
恥と惨めさの固まりの過去を話すのは、とてもつらく勇気がいります。あまりの惨めさで涙がこぼれ、こんな思いをさせる先生に腹が立ちます。こんなことして何になるんですか⁉
でも先生は、「一人で秘密を抱え込んでいるのはつらいよ、話してしまおうよ」と言われました。私が話している間中、先生がずっとニコニコしておられるのが不思議でした。話し終わると先生は静かにこう言われました。「豊かな過去があったんですね」と……私は耳を疑いました。そしてさらにこう言われました。「まるで上質な一編の詩を聴いているようでした」。

思いがけない、本当に思いもかけない言葉でした。私の忌まわしい過去の、何が豊かなのかどこが上質なのか、あんまり意外すぎてその言葉はすぐには納得できませんでした。納得はできなかったけれど、でもあの時、私の人生は確実にひっくり返りました。ゆっくりとひっくり返って、元に戻りました。完全に元に戻るには、もう少し時間が必要でしたけれど。

先生の所に行くようになってから、さらに夫との間がぎくしゃくするようになりました。夫は、自分が無視されるように感じるらしくて苛立ちました。夫の怒りは強く、私は追いつめられ、家の中は冷たい空気に満たされました。でももう引き返す気はありませんでした。

夫と何度も話し合いました。今までひたすら聞き役だった私が、自分の気持ちを話すのはとても難しいことでした。ただ、今までの自分がとても無理をしており、自分を偽っており、それが苦しくてたまらず、もっと自分を大事にしたいと思う、それは間違ったことではないのだという思いが私を支えていました。このままでは夫を嫌いになってしまいそうな自分の気持ちを正直に伝えました。時間をかけて何度も話し合い、少しずつ二人の距離が縮まってゆきました。夫もまた問題を抱えているようでした。二人の関係が少しずつ、変わり始めました。

そして私は定年退職しました。そのころから、ひどい肩こりに悩まされ気分が落ち込むようになり、何一つ楽しいと思えなくなりました。何をするエネルギーもなく、役に立たない空っぽの自分は生きる価値がないと、涙ばかり流れました。あんなに楽しみだった先生のワークショップに行く気力もありませんでした。

その時診てもらっていた内科の先生に〝うつ〟だと診断され、やっぱりと思い何かほっとしました。先生はいつも真っ直《まっす》ぐに私の目を見ながら、黙って話を聞いてくれました。私はその先生の所に行くことだけが救いで、思い切り泣き、先生に支えられてやっと生きていました。

時間がたち少しずつ良くなり、二年ぶりに先生のワークショップに参加しました。

久しぶりに先生と話せた喜びを味わいながら一人ホテルに戻った私は、なぜかものすごい寂しさにおそわれました。何時間も大泣きをしました。まるで親に捨てられた子どものようでした。

このころから、ワークショップに行くとなぜか先生が怖くて近寄れなくなりました。なぜそうなるのかわからず、つらかったです。その思いに耐えられなくなり、その時来られていた別の先生にそのことを話しました。そしてその恐怖の源は母なのだと気づかせてもらったのです。母に求めたのと同じように先生にも認めて欲しかった、先生が私の中で母になっていたのかもしれない、そう思いました。

ワークショップから帰り、現在かかっている心療内科の先生の所に行き、そのことを話しました。聴き終わった先生は、母になって母の代わりに謝ってくれたのです。うれしくて、悲しくて、号泣しました。いつまでも涙が止まりませんでした。

先生

やっと落ち着いてきたと思っていたら、今度は今まで経験したことがないような激しい感情を覚えるようになりました。苦しいほどの人恋しさと、ものすごく強い怒りです。その怒りに必死で耐えているうち、人はみんな独りぼっちなんだと思いました。私はやっと夫に言いました。〝あんまりいろいろ言わないで欲しい、いつもまた何か言われると思い緊張してしまう、自分の型に私をはめようとしないで、自分の力を私に示そうとしないでほしい、自分が人からされたくないことを人にすべきではないと思う〟と。そうしたら、夫がぽつりと〝そうだな〟と言いました。

私はありのままの自分でいたいと言いたかったのです。その思いを十分には伝えられませんでしたが、自分の中に何か力が湧いてくるように感じました。なぜこんな簡単なことが今まで言えなかったのか不思議でした。私はずっと心の中で、自分の存在を〝申し訳ない〟と思いながら生きてきたのだと思いました。今までの私、それはいつも不安で、いつも寂しくて、いつも惨めで、いつも恐れて、いつも裸で、いつも待って、いつも譲って、いつもつらかったです。

自分探しを始めて十五年、先生にめぐり会って六年になります。でもつらい人恋しさは相変わらず私を苦しめます。これは何なのか、私は何を求めているのか考え続けました。人恋しさ、それは包まれたい思いであり、そうやって癒されたいのだと思います。その先にそれを望んでいる自分自身がいることに気づきました。人恋しさは私に向かっている、それならもう自分を責めなくていいのだとほっとしました。

そしてやっと、自分のどんな感情も受け入れよう、ダメな自分でいい、ありのままの自分として自分に正直に生きていきたいと思い始めています。そんな自分が愛しいです。

仲間たち、そして外の世界と出合って

みねみね

苦しい思いを聞いてくれた仲間

このあいだ、自助グループの仲間の話を聞いていて、初めてそのグループに参加したときのことをふと思い出した。

あれはまだ、大学院に行っていたとき、二〇〇一年のことであった。通学経路にある駅で途中下車して、そこから歩いて、会場になっている教会に行った。教会に到着したのは開始直前くらいの時刻であったが、教会の中のどこが自助グループの会場なのかわからなかった。

仕方がないから、教会の敷地自体初めて入るにもかかわらず、その中にある建物の大きなドアを開けて、中に入ってみたのだった。そうしたら女の人が階段を降りてきたので、その人に聞いてみたところ、神父さんらしき人のところに案内されたが、その神父さんらしき人もわからないようであった。そうしているうちに、最初に教会の敷地に入って来たところからすぐの部屋にメンバーの人が来て、部屋の前に自助グループの看板を掲げて準備をしていたので、たどり着くことができた。

これは、初めての自助グループ体験というわけではなかった。それ以前にほかのグループに行ったことがあった。もっともそこは事務所を持っている自助組織、JUSTであった。JUSTのような自助組織であれば、事務所にはだれかがいるだろうし、少なくとも教会という未知の世界で迷うことはない。一方で、教会で行っていたのは組織になっていない、いわゆる12ステップグループ★であり、会場は教会をお借りしているだけであった。このときの体験は、初めての自助グループ体験ではなく、初めての教会体験、と言った方がよさそうである。日本人であればだれもが神社や仏閣に足を踏み入れたことはあるだろうけれど、教会に行ったことがあるという人は少ないのではないか。教会は私のようなキリスト教徒でない人には関係がないところ、と

★12ステップグループ……12ステップとは、もともとはアルコール依存の人たちが回復のために使ってきている、「AA（Alcoholics Anonymous）の12ステップ」をさす。アルコール問題以外で生きづらさを感じ回復をめざす人たちの中にも、AAの12ステップを改定した12ステップを使う人たちがいる。この12ステップを使って回復をめざすグループをさす。

いうイメージが強いだけに、初めて教会という場所に足を踏み入れたときの印象が強いのだった。

その教会に行ったときは、私はまだ大学院に通っていたのだった。しかしそれから一週間と経たないうちに、先生と話をしてしばらく大学院の研究はお休みとさせてもらい、そしてその一年後には大学院を実質やめることになったのだった。

ずいぶん昔のことだから忘れているという部分もあるのだけれど、そのころの体験は思い出したくない、という部分も多い。それだけ、大学院という組織の中で苦しい思いをしてきたということなのだろう。そして、親との関係がうまくいかないのが、より一層苦しかった。何かあったときに、親が話を聞いてもらえる相手ではなかった、というのが大きく負担になっていたのだった。

そんなとき、話を聞いてくれるのは自助グループの仲間であった。もっとも、大学院という特殊な世界のことであるだけに、自助グループでは話しづらい、わかってもらえる人が少ない、という悩みもあった。

大学院をやめることになったときには、ＪＵＳＴの当初とは違う曜日のグループ、そして例の教会のグループをメインに通っていた。そのとき大学内には紫陽花《あじさい》が咲きほこっていた。今でも、紫陽花を見ると、そのときのことを思い出す。ちょうどそのころ、ＪＵＳＴの人から手伝ってほしいと声がかかり、時間もあくので引き受けることになった。それから三年以上、ＪＵＳＴを手伝い続けてきた。

安全な人を選んで接する

その三年間、いくつかの自助グループには参加し続けてきたし、自助グループの仲間とは交流を深めていて、遊びに行ったりすることもあった。自助グループ以外の世界とも接触したいという思いはあったけれど、どこかで怖いという思いがあった。それまでの人生で、人間の集団に馴染《なじ》めたことがなかったし、いくつかの集団、例えば大学の同級生などからは、排除されてきたからであった。

自分が、この世の中で普通に生きている人たちの中に入ることができるのか？　それでも、外部の世界と接触したいという思いはあったためか、十年以上のつきあいになる友だちが行きつけだったお店を紹介してもらい、そこの店員さんと仲良くなったのだった。その後、そこのお店は店員さんの都合でやめてしまった。しかし、私の中に残ったものがあった。そこのお店で扱っていたものがきっかけで、新しい趣味ができたのだった。それから一年は、この趣味にはまることになった。

ＪＵＳＴを手伝うだけでお金になる仕事はしていなかった。働いていないということはそれだけで不安材料にもなるのだけれど、それに対する親からのプレッシャーは非常に大きいものであった。

苦しいときには、その日にやっている自助グループを探して駆けつけたり、仲間に電話をしたりしたものだ。雑誌など通常のルートを使っての就職活動は、どうしても気が進まなかった。こうなったら、何かおいしい話があるのを待つしかないのか。だけど、そんなうまい話はそうそうあるものではない。そんなことを考えながら、一年が過ぎ、二年が過ぎた。

しかし、今だから言えるけれど、待ってみるものだ！　とあるところから手伝ってほしいと声がかかったのだった。さっそくその人とお話をして、二〇〇四年の秋から、最初は週一日ということで働くことになった。苦しくなったらすぐやめるぐらいのつもりで始めたのだけれど、そのうち週二日行くようになり、気がついたらＪＵＳＴのお手伝いも続けながら四か月も働いているのだった。この仕事が、それまでＪＵＳＴでやってきた経験や、一年の間に新しくできた趣味が生かされて、おもしろい！

一方で、長くＪＵＳＴを手伝っている甲斐もあって、多種多様な市民活動を行っている団体同士の交流イベントに出る機会があった。こんなに人と接するのが苦手なのに、こんな会に出ても意味がないのではないか、とさえ思ったけれど、いくつかの団体の人とお話をすることができ、ひょっとするといくつかの団体とは今後かかわっていくことになるかもしれないという収穫があった。一緒に行ってくれた人が、人と話をするのが非常に上手な人だったということもあり、その仲間と一緒にいると気軽に人と話すことができてしまう、という幸運もあったのだろう。もっとも、自分からもいくつかの団体の人に話をしに行ったりもしたのだった。それがなぜか、ＪＵＳＴではなく先日声がかかった方の仕事と話が関連していて、そちらの連絡先を渡してきたり、と。

こうやって、自助グループ以外の人と少しずつでも接触できるようになったのは、一つに自分にとって安全そうな人を選んで接している、ということがあるのだと思う。自分にとって害のない人を選べるようになったのは、一つの進歩と言っていいのかもしれない。そして、それまでできなかった、自分の主張を表現する、ということが少しずつでもできるようになった、ということが大きいようだ。新しい仕事のことでは、できるだけ自分ができること、できないこと、やりたいこと、やりたくないことを、言葉にするようにしている。それまでやってこなかったことだけに、すぐにできるということではないし、難しい。だけど、そうすることが仕事をする上で大事なのだと思う。

完璧でなくてもいい

以前は、人前では完璧に物事をこなさなければいけないと思っていた。完璧にこなさなければ、親から怒られていた。しかし、人間なんだから失敗することもあるし、失敗してもいい、完璧でなくてもいい、ということを、いつのまにか学んでいた。今でも何か失敗すると隠してしまう習慣はどうしても残っている。それで隠したままなんとか修正することができる場合もあるし、失敗を隠し続けて苦しくなる前に人に言ってしまう、ということも少しはできるようになった。大学院で苦しくなった原因の一つは、うまくいかないことを取り繕い続けていて、それがどうにもならなくなったからであった。先生に対して隠していたし、親に対しても隠していた。あたかも、うまくいっているように振る舞っていて、にっちもさっちも行かなくなって苦しくなったのだった。できれば同じことは繰り返したくない。もう、あんな苦しい経験はしたくないから。

市民活動の交流会が終わってから、自助グループの人たちと信州の方へ遊びに行くことになっていた。ほとんどの人は朝から行っていて、交流会に参加していた私たちは夜から合流する、という段取りであった。しかし、私がバスの乗り場を間違えたおかげで、交流会に一緒に参加した人は、バスに乗り遅れて行けなくなってしまった。その人にはバスのチケットも手配していただいたのに、大変申し訳ない。人生において、失敗は許されるのか。失敗したときは、どう対処したらいいのか。そんな課題を、突き付けられている気がする。生きるということは、つらいことだよ。だけど、それでも、一歩一歩進んでいくしかない。ときに、人の助けを借りながらであっても。

受け入れられた恥ずかしく惨めな体験

朝比奈　歩

生後まもなくからの虐待

私は男の子を望んでいた家に生まれてしまった女の子でした。私は母にとって見るだけで罪悪感を伴う存在だったように思っています。私の最初の傷は、両親が生後まもない私を二階に置いて一階の市場に仕事に行っていた時に、どぶネズミに喰《く》われた鼻と右手から始まります。

仕事中私の泣き声が聞こえてきて母は「おかしいなぁ、ミルクはさっき飲ませたばっかりなのに」と思ったそうです。父が「おい！　泣いてるど！」と何度か言ったので仕方なく二階へ行ったところ、私の顔よりも大きいどぶネズミに私の鼻が喰われポロッとむけていたが、まだつながっていたそうです。残念ながら両親は真実を隠し続けたので、それが生後二十三日の時の出来事だということも、鼻がポロッとむけていたが、まだくっついていたという話も、私が実母を告訴して、父方の叔父の家まで聞きに行って初めて知りました。

この傷は、私がストーブの上に掛かっていた「やかんのお湯を飲むんだ」と言って鼻にかけた。自分でやったことにずっとされていて、小さな私はずっと反省していました。「もう二度とお湯なんか飲むまい」と。

私が想像するに右手の傷はまだ首が座っていなかった私がどぶネズミに喰われて、首を振れずに手でネズミと戦ったのではないかと思っています。今の私の鼻ですが、左の小鼻だけが生まれた時についていた形のまま残った鼻です。私は手術を十回以上受けていますが、その中には右耳たぶと右耳の軟骨を移植する手術も含まれました。ですから私の耳も左と右では少し大きさが違います。そして私は、テカテカに光るこの鼻の傷の上にでものる特殊なメーク方法をほどこしています。特殊というのは、普通のファンデーションでは滑ってしまってのらないために、ドーランのような物で傷の上とそうでない所の境目と、デコボコしている表面を丁寧に塗り広げた後に、吸着力のあるクリームを塗り、蠅《はえ》取り紙のように表面をベタベタさせておいて、そこへ肌色の粉を叩いて、くっつける。とまあ、説明するとこんな具合で、そのメークにまる一時間。落とすのにも三、四十分かかるわけなんです。お金もかかります。

残念なことにこの事故の後も私は放置し続けられていたであろうことが母からの話で分かっています。一歳くらいだった私の鼻から黄色くて臭い汁がたれているのに母が気付き病院へ連れていったところ、「お前の鼻の穴からこ〜んなに一杯ゴミが出てきてさ、病院の先生が『お母さんこれは、欲求不満ですよ。ちゃんとお子さんに話しかけてますか？　ちゃんとお子さんの話を聞いてあげてますか？』って言われた。まったく！　一歳かそこらで欲求不満なんていやらしい!!」と、私はその「一歳かそこらで欲求不満なんていやらしい!!」そこだけ何度も繰り返し言われ続けたので、小さな私は自分はいやらしい悪い子なんだとやはり反省していました。

その次もやはり母から聞いた話で私自身は覚えていません。それは「こえだめに落ちて死ぬところだった。あっはは。あっはは」と何度も何度も繰り返しいやしめられた話でした。私がまだ一度も一人でトイレに行けたことがなかった時に母と私でトイレに行こうと歩いていたら私が先にすすっと行ったから、母は、「ああ、もう一人で行けるんだと思ったんだ。そしたら、『ぎゃ～!!』っちゅうお前の声が聞こえてトイレ行ったら、お前まだちっちゃかったから腰から下までストンと便器の丸い枠の中に落ちててさ、片手でこやって捕まってた」と笑いながら言いました。そして何度も何度も「あれ二階だったし、くみ取り式だったから、手を離してたら死んでた」と聞かされました。小さな私も姉も笑って聞いてました。

まだ一人でトイレに行けたことがなかったそうですから、おそらく私は二歳くらいだったんじゃないかと思っています。

それから「ちょっと歩かせただけで『足痛い。足痛い』ってすぐ言うから病院連れていったら、レントゲン何枚も撮って八千円だかなんぼだか取られた挙げ句に『筋肉痛です』って言われた。お前には参った。お前には参った」と何度も言われ続けました。そのくせバスなどで席が一つだけ空くと母が座ってしまって私は立たされていたのです。私が足が弱いのは今も変わりありません。

これも母の話ですが、私と姉が小さい時にやはり、その二階に置いていき、食事は「顔見たら泣くからさ、ソーセージの皮むいたやつ玄関の隙間《すきま》からポーンと投げてやったった。そしたら、お前、四つん這《ば》いになって、こやって走ってって、こやって食べてた」とソーセージにむしゃぶりつく姿を演じながら、やはり笑い話として何度も繰り返し聞かされました。私も姉も聞くたび、笑っていました。

これは私の想像ですが、成長期を部屋に閉じこめられたまま過ごした私は、見ること、聞くこと、触れること、臭《にお》いを感じること、話すこと、楽しむこと、食欲を感じた時に食べる等々を阻害され、骨格や筋肉の発達が遅れたのではないかと思っています。私の小学校入学時の体重は一九キロ。中学入学時は二九・五キロでした。

さて、私のトラウマ体験をこれで五つお話しし終わりましたが、私のトラウマ体験は他にも何十とあります。父が物差しで散々殴った後に「あ〜、物差しの方がもったいなかった。短い物差しと違ってこの一メートルの物差しは高いんだ」と怒鳴ったので、父がいなくなった後に小さな私は心配してその物差しが曲がっていないかどうか見に行ったことまでトラウマ体験と呼ぶのなら、おそらく私のトラウマ体験は百を超えると思います。何もなかった日はあったのか？　と考える方が早いくらい、毎日毎日虐待されていました。

大好きなバイク

けれど現在の大人の私は悲観してはいません。なぜなら、これらの体験がたとえ一つでも欠けていたとしたら、今の私は存在し得なかったからです。

今の私とは、愛するバイクという趣味を持ち、私を愛し大切にしてくれる友人と夫を持ち、つい最近、この正月には私のために私の話をしてくれる親戚《しんせき》を見つけることができた私です。鼻がボロッと取れた話はその親戚が教えてくれました。

私はこれからも、私を大切にしてくれる人を選び、その人と親密な関係を保つことができるのです。

その中の一つ、愛するバイクとの出会いについて書きます。

高校一年の時、私は実母からアルバイトを強要され、現金を請求されていました。足の弱い私はそのアルバイト中はもちろん、家までの帰り道をパンパンにむくんだ足を引きずって泣きながら帰っていました。その私を心配してくれた友人が人を頼んでアルバイト先から家まで車で届けようとしてくれた初日に、酔っぱらい運転の車に後ろから追突され、私はムチウチになりました。半年程、通院して最後に示談となった時に、保険会社の人は実家に来て説明をする前に母を呼びました。何度も呼びました。けれど母は無視して台所でご飯を食べ始めました。保険会社の人は「お母さん、娘さんのことなんですよ」「お母さん、ご自分の娘さんのことなんですから」と何度も言いましたが、母は食事を済ませると今度は洗濯を始めてしまいました。

あきらめた保険会社の人と私で話をして三十万円で示談になりました。その保険屋さんを玄関で見送って居間に戻ると母が待っていて、私に言ったのです。

「お前、ケガしてアルバイト辞めたりしてお母さんとお姉ちゃんに迷惑かけたんだからお母さんとお姉ちゃんに十万円ずつくらいよこしなさいよ！」と。

私は母に現金十万円を渡しました。姉にも渡そうとしたところ、姉は「お姉ちゃんはいいよ」と言ってくれたので、家具屋さんにいっしょに行って白いタンスを買ってあげました。それは二万円もしませんでした。姉は「これでいい」と言ってくれました。私の手元に十数万円のお金が残りました。私はそのお金で当時流行《はや》っていたスクーターを買ったのです。それがバイクと私の出会いです。

昨日、その当時（高校二年）の写真を見直しました。スクーターに乗ってるクラスの仲間に誘われて行った時のものでした。五人ともアルバイトをしていたので朝早くに集まったことを覚えています。四人はミニスカートにキュロットスカート、スクーターにもミッキーマウスのステッカーを貼《は》るなどしてとても可愛《かわい》らしいのです。私は一人紺のズボンを履いて、Gジャンを着て、当時はかぶらなくてもよかったおばさんヘルメットを一人でかぶっています。

見た目は格好悪かったんですが、私とバイクとの関係はすばらしいものでした。今考えると当たり前のことなんですが、当時はうれしくてうれしくて仕方ありませんでした。

うれしいことの一つは、足の弱い私はアルバイト先から家まで歩かずに帰れたので、足が痛くなくなったことです。二つ目は乗り物酔いも激しいまま成長していなかった私は、スクーターで通うようになって初めて歩道の淵《ふち》にある木々の青さや紅葉を目で楽しむことができたのです。私は、修学旅行の時、皆が遊覧船に乗りに行く日に旅館に残って寝ていた子でした。それまでは景色どころではなかったのです。三つ目は痴漢に遭わなくなったことです。これも今考えると、アルバイトの帰り道は夜遅くなるわけですから、当然のことだったと思うのですが、当時は姉の「誘ってる女は臭いがするんだ。そういう臭いが男に伝わるんだ」という言葉を信じていました。ですから〝スクーターに乗ると何だか分かんないけど痴漢に遭わない〟と思い、とてもうれしかったです。

私はバイクが大好きになりました。バイクと出会ってから今年で十五年になります。今はモトクロスコースでゆっくり走ったり、スクールに参加したりしています。そこで友人らに会うと「歩ちゃん！」と声をかけてもらえることがとてもうれしいです。

過去の体験を少しずつ肯定

私が回復へと歩み出しているのだとしたら、それには自分に向き合う勇気とエネルギーが必要でした。今も必要です。自分と向き合うという作業は私の場合、みにくくて、汚くて、臭い私。惨めで人が恨めしくて、そして怒りで爆発しそうな私でした。

それらを「これは私です」と認めるのには勇気がいりました。けれど勇気を持ち続けて現実を認め受け入れていったら、過去の体験が少しずつ肯定できるようになったのです。そうしたら今度は自分をコントロールしようとして接してくる人が少し見えるようになりました。私は直接言うことはまだできませんが紙に書いて渡すことはできるようになりました。「あなたから『○○してください。○○して欲しいです』と言われることがとても多いことに気づきました」と、そうしたらこれまで私をコントロールして楽しんでいた人たちは潮が引くようにいなくなってしまいました。私から捨てたのではありません。私はそれっきり連絡の途絶えた友人を追わず、肉親が去っていった時もその場から逃げなかったのです。

そしてその次にようやく私を大切にしてくれる人を見分けることがときどきできるようになったのです。どれも何かをはぶいては、得られませんでした。絶望なしでは、喜びを見い出し感じることはできませんでした。

消え入りたい程の恥ずかしさを感じずして、「生《なま》」の私を受け入れてもらえた感覚を味わうことはできませんでした。それらの恥ずかしさ、惨めさ、絶望を一度や二度感じたくらいでは気づけませんでした。あきらめることができませんでした。母に愛される日を。父に愛される日を。私はあきらめることはできませんでした。

私は何十回も何百回も期待しては裏切られ、傷つけられ、ズタズタになるまで気づけませんでした。そして、この傷のひどさに気づいた時、絶望した時、私はようやくあきらめることができました。
これが「どうすればよいのかわからなかった、かつての私への答え」です。私の「生」の体験談です。

以上が、誠実に耳を傾けてくれる仲間を得た私の体験談です。私はそれまで何度も、何度も自助グループに足を運んでいました。いくつもの恥ずかしい、惨めな体験を語り（その中には、大人になってから大便をもらした話もありましたが、枚数がオーバーしてしまうので、今回は省略しました）、それでも受け入れてくれる仲間がいて、自分と同じような体験を話してくれる仲間に出会えて、喜びを感じ、時に傷つけ、また時に傷つけられて、もうたくさんだと思うことも何度もあって、それでもやっぱり必要で再び求め、足を運ぶことを繰り返し、繰り返していくうちに話せるようになった私がいました。自助グループにつながって、四年程経ちました。私の話を聞いてくださってありがとう。

自助グループなど連絡先一覧

■JUST関連の自助グループ・ミーティング（問い合わせはJUSTへ）

JUSTオープンミーティング 東京・麻布／毎週木曜日10：30・第２・４土曜日18：00／サバイバー対象

女性クローズド・オープンミーティング 東京・麻布／第１水曜日18：15／女性対象

ASAB 東京・麻布／第４土曜日13：00／摂食障害の女性対象

L.M.G.(Loving Mother's Group)東京・麻布／月２回火曜日11：30／子育てに悩む母親対象

あんだんて 東京・市ヶ谷／第２火曜日13：00／摂食障害の子を持つ母親対象

S.S.A.(Survivors of Sexual Assaults)東京・麻布／ 第２、４火18：15／性虐待・性暴力の被害を受けた女性対象

(宗教カルト・自己啓発セミナーなどからの)脱会者のためのグループ 東京・麻布／第３土曜日 17：30 ／宗教性を帯びた集団を脱会して不調を感じる人対象

ムーンナイト 東京・麻布／毎週月曜日18：00／親世代の女性対象

AC「ミントの会」東京・田町／第１、３木曜日10：00／対人関係でお悩みの女性の方、話してすっきりしませんか

LFG(Loving Families Group) 麻布会場 東京・麻布／第１土曜日13：00／家族の悩みを抱える人対象

LFG阿佐ヶ谷会場 東京・阿佐ヶ谷／第２土曜日18：30／家族の悩みを抱える人対象

LFG横浜会場 神奈川・横浜／第３土曜日10：00／家族の悩みを抱える人対象

LFG三鷹台会場 東京・三鷹台／第４土曜日14：00／家族の悩みを抱える人対象

JUSTひろしま　広島／ACミーティング 第３日曜日15：00／ACとしての生きづらさを抱える人対象

JUST神奈川ミーティング 神奈川・横浜／第３土曜日18：00／サバイバー対象

女性「無所属の会」（肩書きのない女達）（女性クローズド・オープンミーティング）東京・麻布／第３水曜日18：30／女性対象

セックスワーカー・ミーティング 東京・麻布／毎週木曜日18：15／売春・風俗業に従事していた女性対象

JUSTサンデーミーティング 東京・麻布／第２、４日曜日13：30／どなたでも参加可能

■その他の自助グループなど連絡先一覧

NPO法人AA《エイエイ》日本ゼネラルサービス（JSO）
AA（アルコホーリクス・アノニマス）は無名のアルコール依存症たちの意
〒171-0014 東京都豊島区池袋4-17-10 土屋ビル４階
電話 03-3590-5377　ファクス 03-3590-5419
業務時間 月〜金 10時〜18時（土日祝は休み）
http://www.aajapan.org/

社団法人全日本断酒連盟（断酒会の全国組織）
171-0031 東京都豊島区目白4-19-28
電話 03-3953-0921　ファクス 03-3952-6650
http://www.dansyu-renmei.or.jp/

NA《エヌエイ》 J.I.I.S（ジャパン・インターナショナル・インフォメーション・サービス）
NA（ナルコティクス・アノニマス）は無名の薬物依存者たちの意
110-8691 東京上野郵便局私書箱167号
電話・ファクス 03-5685-6128　Eメール jiisoffice@dream.com
http://serenity.or.tv/sbs/

NABA《ナバ》（日本アノレキシア〈拒食症〉・ブリミア〈過食症〉協会）
156-0057 東京都世田谷区上北沢4-19-12 シャンボール上北沢212
電話 03-3302-0710（祝祭日を含め、月〜金　10時〜12時　13時〜16時）
http://www8.plala.or.jp/NABA/

ACA《エイシーエイ》（アダルトチルドレン・アノニマス）事務局
214-8691 登戸郵便局私書箱12号
ミーティング案内電話 044-945-7149　Eメール aca12j@yahoo.co.jp
http://www7.ocn.ne.jp/~aca/

ACODA《エイシーオーディエイ》(Adult Children Of Dysfunctional Families Anonymous)

機能不全家庭の影響から自由になりたいと願う成人の自助グループ
163-8696 新宿郵便局留
ファクス 03-3767-7303　Eメール acoda@h5.dion.ne.jp
ミーティング電話案内 03-3767-7303　http://www.h2.dion.ne.jp/~acoda

アディクション問題を考える会(AKK)

156-0057 東京都世田谷区上北沢4-30-10 上北沢第２コーポラス306
Eメール email@akk-jp.org　　http://www.akk-jp.org/

SA(セックスアホーリクス・アノニマス)

無名の性依存症者の集まり
106-8799　麻布郵便局留 「SA-JAPAN」
Eメール nihongo_essay@yahoo.co.jp　http://www15.ocn.ne.jp/~ggmts7/

EA(イモーションズ・アノニマス)

感情の問題を持つ人々の自助グループ
111-0053 東京都台東区浅草橋5-20-5 カトリック浅草教会気付 EAインターグループ　電話 090-3097-5994　090-1823-6905
http://homepage1.nifty.com/ea_japan/
Yahoo!検索「EAインターグループ」

GA日本インフォメーションセンター

GA(ギャンブラーズ・アノニマス)とはギャンブル依存症者・本人のための自助グループ
242-0029 大和市上草柳2-13-2 弥生荘10号室
ファクス 046-263-3781

GAM-ANON《ギャマノン》

ギャンブル依存症の家族・友人のための自助グループ
http://gam-anon.jp/

ナラノン・ファミリーグループ

家族や友人等の薬物の問題で、どうしようもない状況に陥っている人たちの集まり
171-0021 東京都豊島区西池袋2-1-13 目白ハウス2E ナラノンG.S.O.
電話・ファクス03-5951-3571（月～金の10～16時、祝祭日は休み）
Eメール naranon@sirius.ocn.ne.jp
http://www4.ocn.ne.jp/~nar633/

女性ネットSaya-Saya 東京都
夫婦間暴力、児童虐待、アルコール依存、薬物・ギャンブル等の依存症、摂食障害、女性(男性)依存、離婚、いじめ、ひきこもり、不登校、家族の問題、自分の問題、無気力、対人関係などの問題を扱う
http://www7.plala.or.jp/saya-saya/

ママネット
さまざまなアディクションや、アダルトチャイルドの自覚がある「子持ち女性」の自助グループ
441-8799 愛知県豊橋市中野町上新切1-1 豊橋南郵便局留
Eメール info_mamanet@yahoo.co.jp

OA
食べ方の問題(拒食·過食·過食嘔吐·下剤乱用など)をかかえた人の集まり
電話 03-5951-1648
110-0004 東京都台東区下谷1-5-12　上野郵便局留　OA事務局

男性の性被害者のための自助ミーティング 大阪府·静岡県·東京都·埼玉県·神奈川県
性的虐待・セクハラ・性的いじめ・性暴力などの被害を受けた男性が、同じ仲間と体験を分かち合うためのミーティングを行う
http://www.comcarry.net/~genbu/

シーラの会 福岡県
児童虐待・性的被害・DV(夫婦間、パートナー間暴力)および被害体験などによるトラウマのある人を対象としたセルフヘルプグループ
Eメール akira-t1@h3.dion.ne.jp
http://www.h2.dion.ne.jp/~sheila/

コーダ新潟グループ
共依存の問題から回復を願う人
codaniigata@hotmail.com
http：//www.geocities.jp/codaniigata/

NAC（Not Alone Club)
ヤングアダルト女性の会員制クローズドミーティング
http://www.teenspost.jp/

S-Anon
性依存症者の家族・パートナーの自助グループ
問い合わせは、80円切手添付の返信用封筒を同封のうえ郵送で下記あてに
337-0051 さいたま市見沼区東大宮5-36-4 東大宮駅前郵便局留

ACネットワーク大阪
今の生きづらさが過去からの家族との関係にあるのではないかと思う人、「自分はＡＣである」と思う人
通常ミーティングは原則として第１・３月曜日19：00
（Ｅメール　slow7@mail.goo.ne.jp）
女性クローズドミーティングは原則として第２・４月曜日 19：15
（Ｅメール　berblanja@yahoo.co.jp）

編者

特定非営利活動法人日本トラウマ・サバイバーズ・ユニオン
(Japanese Union for Survivors of Trauma　略称 JUST)
106-0044　東京都港区東麻布3-7-3　久永ビルB1
電話・ファクス 03-5574-7311
Eメール　just-npo@os.rim.or.jp
ホームページ　http://www.just.or.jp/

■主な活動内容
無料電話相談……同じような経験を持つ仲間との、電話による分かち合いです。
ミーティング……仲間とのあいだで自身の体験や感情を分かち合います。
有料電話相談……生きにくさを感じている方のご相談にカウンセラーが心をこめて応じます。
ワークショップ……仲間と出会い、気持ちや経験を分かち合います。専門家によるセラピーやワークも取り入れています。
ボランティア・カウンセラー養成講座……家族、トラウマに関する心の問題に対応できる人材の育成を行います。
講演会・講座……関心のある方や一般の方に向けて、広く虐待やトラウマについての知識を知っていただくために、講演会や講座を開催しています。

＊JUSTは、特定の宗教団体や宗教活動とは一切関係ありません。

暴力家族で育ったあなたへ――自助グループで気づく回復力
2005年８月25日　初版第１刷発行

編　者　日本トラウマ・サバイバーズ・ユニオン
発　行　株式会社 解放出版社
556-0028　大阪市浪速区久保吉1-6-12
TEL 06-6561-5273　FAX 06-6568-7166
振替　00900-4-75417
東京営業所　101-0051 千代田区神田神保町1-9
TEL03-3291-7586　FAX03-3293-1706
ホームページ　http://kaihou-s.com
装　幀　森本良成
本文レイアウト　伊原秀夫
印刷・製本　株式会社 NPCコーポレーション

定価はカバーに表示しております。落丁・乱丁おとりかえします
ISBN4-7592-6096-X　NDC369 174P 19cm

知っていますか？ アダルト・チルドレン一問一答

斎藤学監修／アダルト・チルドレン一問一答編集委員会編

A5判・120頁 定価1000円＋税

専門家が書いた多くの類書とは異なり、AC認識を持つ人たち自身が中心になって編集したAC本の決定版。虐待など機能不全の家族で育ったまだ見ぬ仲間たちに届ける、より楽になるための道しるべ。ACという言葉に対する誤解や偏見も的確に正した。 ISBN4-7592-8240-8

知っていますか？ 子どもの虐待一問一答

田上時子編著

A5判・108頁 定価1000円＋税

急増する子どもの虐待の実態や深刻な影響、「しつけ」との違いといった虐待のとらえかたや相談・教育、「児童虐待防止法」の紹介など、なぜ虐待が起こり、どう取り組めばいいのかを考える入門書。

ISBN4-7592-8231-9

知っていますか？ 子どもの性的虐待一問一答

田上時子／エクパットジャパン関西編

A5判・124頁 定価1000円＋税

「性的虐待とは何か」をはじめ、子どもへの影響と接し方、性的搾取との違い、援助交際や子どもポルノ問題などを考え、防止のためにできることを世界の取り組みも含めて解説する。サバイバーの手記も掲載。

ISBN4-7592-8237-8

知っていますか？ セルフヘルプ・グループ一問一答

伊藤伸二・中田智恵海編著

A5判・120頁 定価1000円＋税

同じような体験をし、生きづらさや悩みをもっている人たちが、集い、語り、思いや体験をわかちあうとき、希望と新しい生き方が見えてくる。より自分らしく生きるためのセルフヘルプ・グループ活用法を体験談を交えわかりやすく紹介。 ISBN4-7592-8238-6

生きづらい母親たちへ

アダルトチルドレン、依存症のセルフヘルプ・グループ

ママネット編

四六判・176頁 定価1600円＋税

体験を語り、つらさを分かち合う仲間と出会うことで、自分らしくより楽に生き始めた母親たちが自らの体験をふまえ、孤立しがちなACや依存症の、まだ見ぬ仲間へ送るメッセージ。 ISBN4-7592-6066-8